片手で食べられるお昼ごはん

ワンハンドランチ

Onehand Lunch

大泉書店

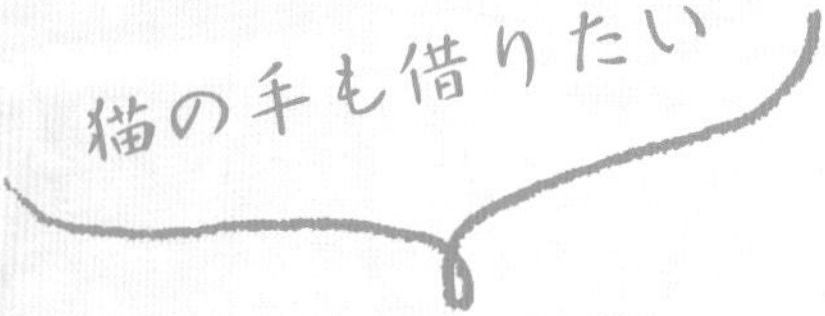
猫の手も借りたい

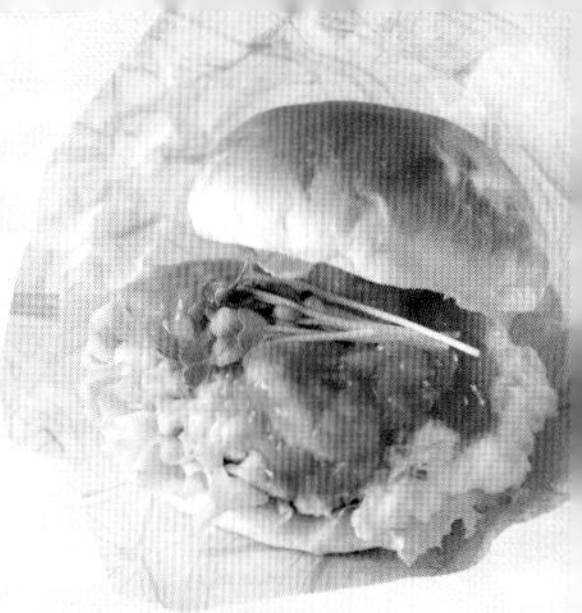

毎日慌ただしくやってくるランチタイム。忙しいと、ついつい今日は抜いちゃおうかなとも考えるけど、やっぱりお腹は空いてきますよね。元気いっぱいフル稼働でいきたいのに、午後からいまいちパワーも出なくて……なんて避けたいものです。仕事や学校、育児に習い事。毎日はさながら戦場です。「どんなに忙しくてもランチはちゃんと食べたい、でもサッと済ませたい！」と、そんな風に思っている人は少なくないんじゃないでしょうか。

そんな悩みを一発解決してくれるのが、本書の「ワンハンドランチ」。片手で気軽に食べられる上、美味しくてボリューム満点なレシピです。言ってみれば、現代人は何でも片手間。何かをしながらあれこれ考えたり、何かをしながら片手でスマホを弄ったり、常に日々こなすことに追われて忙しい。だからこそ、たとえ片手間でも、お昼にはちゃんとエネルギー補給をしたいですよね。

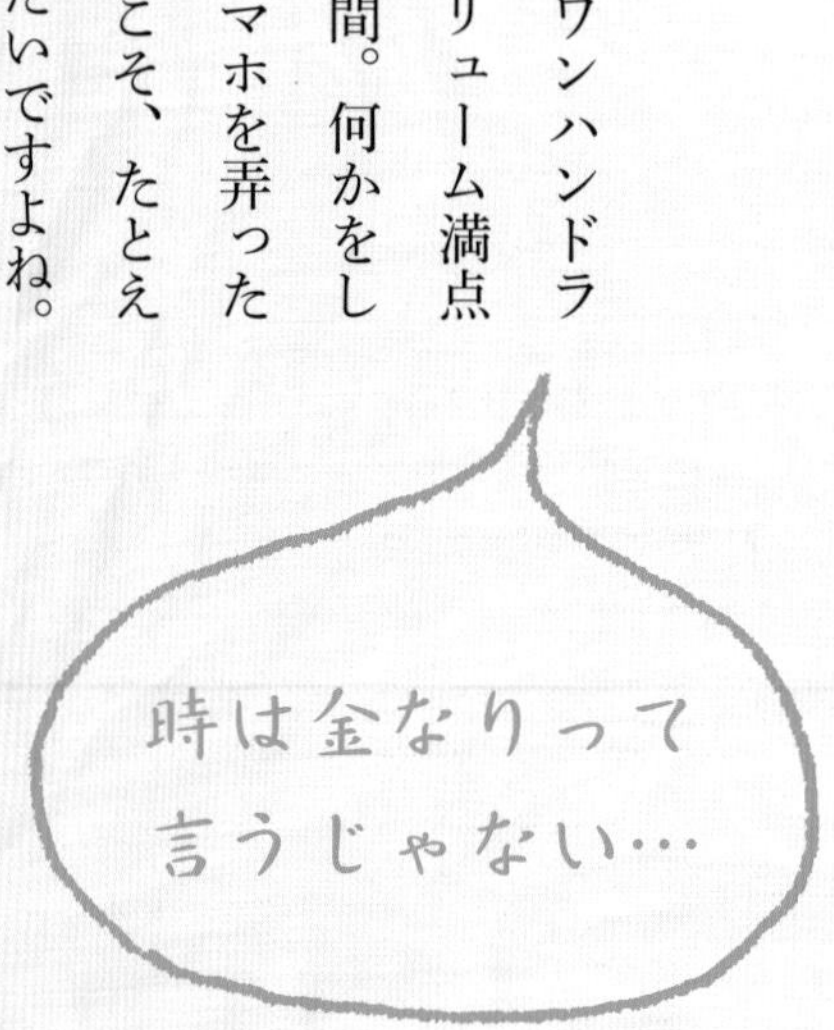
時は金なりって
言うじゃない…

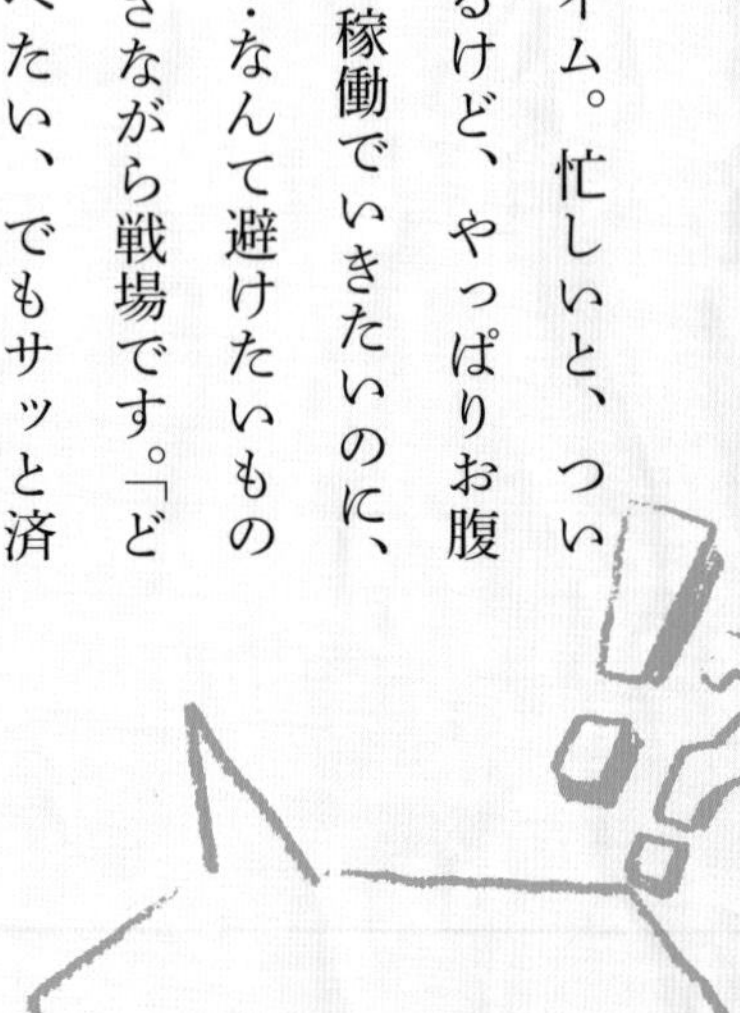
もう14時!?

ズボラって言わないで

楽したい

もうランチを我慢する必要はないんです。好きな料理をバックに入れて持ち歩きましょう。全てのメニューがコンパクトなサイズなので、ちょっとした隙間時間でも、作業しながらでも片手で食事できます。場所だって選ばないから、いつでもどこでも思い立ったら、その瞬間がランチタイム。もちろん、簡単に作れて栄養たっぷり、おなかも大満足です。

さぁ、今からワンハンド革命の始まりです。様々な機能性がスマートフォンに集約されたように、食事も片手で収める時代に！食欲を刺激するボリュームとどこでも持ち運べる携帯性で、いつものランチをアップデート。手早く美味しく大満足なワンハンドランチを始めましょう！

パンもごはんも好き

本書で扱うワンハンド三箇条

一、主食＋おかず

掲載のほとんどのレシピは、主食とおかずの一体型。つまり片手で、主食とおかずが食べられるということです。難しく考えないで、おにぎりを思い浮かべてください。ワンハンドって聞き慣れない言葉だけど、実は結構身近にあったりするんです。

本書はおにぎりのように、手軽に食べられるレシピをテーマに作りました。

二、お弁当箱は使わない

お弁当箱って洗うのも手間だし、詰めることを考えるのも面倒だったりしませんか？　掲載レシピの中で、お弁当箱が必要なものはありません。できあがったメニューは、紙や布に包んで持っていくことができます。

三、見た目にこだわる

お弁当を使わない代わりに、おしゃれなワックスペーパーで包むのもあり。手ぬぐいで包んだり、ちょっとおしゃれな紙袋に入れてもいいと思います。忙しい毎日にちょっとだけの楽しみをお昼ごはんに。

もくじ

CHAPTER 1
ONEHAND of RICE
ごはんのワンハンド

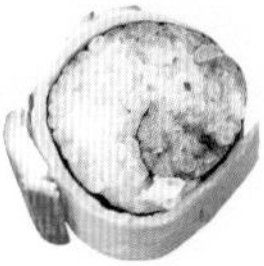

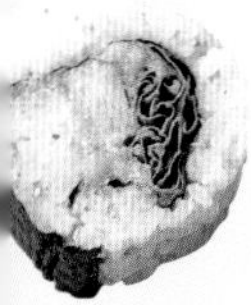

CHAPTER 2
ONEHAND of BREAD

パンのワンハンド

BAGELS

特選サンドイッチの中身の話

ラップロール

Delicious!

CHAPTER 3

ONEHAND of ETHNIC

エスニックワンハンド

CHAPTER 4

ONEHAND of E.T.C

まだまだあるよ！ワンハンド

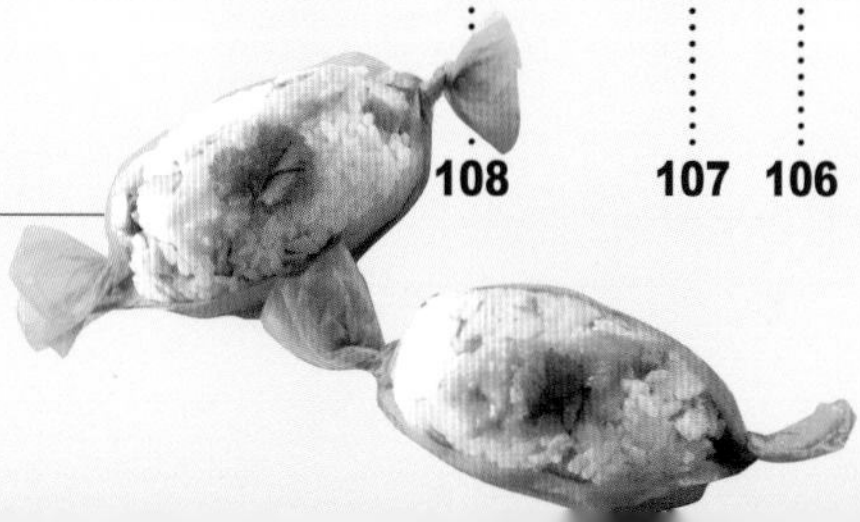

本書のきまり

■大さじ１は15㎖、小さじ１は５㎖です。１カップは200㎖です。
■各レシピの分量は、１人分を想定しています。
■鍋の大きさや材質によって熱の伝わり方や水分の蒸発の仕方などに差がでます。ふたは鍋のサイズにぴったり合い、できるだけ密閉できるものを使用してください。
■火加減の目安は、強火が「鍋底に炎が勢いよく当たる程度」、中火が「鍋底に炎がちょうど届く程度」、弱火が「鍋底に炎がギリギリ当たらない程度」です。
■レシピに出てくる電子レンジは、600Ｗのものを使用しています。500Ｗの場合は、加熱時間を1.2倍にしてください。メーカーによって差があるので、様子を見ながら加熱してください。
■レシピに出てくる「○分煮る」とは、はじめの材料を入れてからの目安時間です。

CHAPTER 1

ONEHAND of RICE

ごはんのワンハンド

片手で食べられる日本代表といえば、我らがごはんもの〝おにぎり〟。青いユニホームを纏ったモバイルフードの元祖にして、和の国のワンハンドスタイルを確立させた立役者。世界中で愛される寿司だって日本発のワンハンド。パワーアップしたレシピで腹持ち最強、おかずの組み合わせは無限大！ 負けられないランチタイムは、ワンハンドごはんで制す!!

Rice!

ダイナミックおむすび

おむすびって手軽だけど満足度はそこそこ？ おっと、インパクトのある具材で、ちょちょいとダイナミックな魔法をかければ、ボリューム満点＆食べ応え抜群！ まずは、海苔の代わりにレタスで巻いた〝タコライスおむすび〟片手で豪快に召し上がれ！

タコライスおむすび

材料

合びき肉……40g
玉ねぎ（みじん切り）……15g
ケチャップ……小さじ2
ウスターソース……小さじ1
チリパウダー……少々
ごはん……110g
ピザチーズ……10g
ミニトマト（1/4カット）……1個分
トルティーヤチップス（大きめに砕く）……3枚
レタス……1枚

作り方

1 フライパンを中火で熱し、合びき肉と玉ねぎを炒める。

2 合びき肉に火が通ったら、ケチャップとウスターソース、チリパウダーを加えて混ぜ合わせる。

3 ごはんに**2**とピザチーズ、ミニトマト、トルティーヤチップスを混ぜ三角に握り、レタスで包む。

焼き肉ガーリックライスおむすび

材料

オリーブオイル……小さじ1
にんにく（輪切り）…1かけ分
バター……3g
ごはん……150g
塩・こしょう……少々
しょう油……小さじ1／3
牛薄切り肉……40g
焼き肉のたれ……小さじ2
パセリ（乾燥でも可）……少々

作り方

1 フライパンにオリーブオイルを弱火で熱し、にんにくを炒め、きつね色になったら取り出す。

2 同じフライパンを強火で熱し、バターとごはんを入れさっと炒め、塩・こしょうとしょう油、**1**を加え混ぜ合わせる。

3 別のフライパンに少量の油（分量外）を中火で熱し、牛薄切り肉を炒め、焼き肉のたれを絡める。

4 ラップの上に**2**を広げ、中央に**3**を置いて丸く握り、上面にパセリを振る。

丸ごとのりたま おむすび

材料

卵……………………1／2個
砂糖…………………小さじ1
塩……………ひとつまみ、少々
片栗粉…………ひとつまみ
かつお節………………大さじ2
麺つゆ…………………小さじ1
ごはん……………………150g
味玉………………………1個
のり（幅4㎝の帯状）……1枚

作り方

1 ボウルに卵と砂糖、塩ひとつまみ、片栗粉を入れよく混ぜ合わせる。

2 フライパンを中火で熱し、**1**を流し入れ、細かいそぼろを作る。

3 別のボウルにかつお節と麺つゆを入れ和える。

4 **3**のボウルに軽く塩少々をふったごはんと**2**を入れ、よく混ぜ合わせる。

5 **4**のごはんで味玉を丸ごと包み、俵型に握る。のりをぐるっと一周巻き、しばらくなじませたら半分に切る。

スティックおにぎり

おむすびといえば三角形。そんな既成概念はもう古いのかもしれない。ワンハンドはいつだって時代の最先端。スマートフォンのデバイスが進化するたび長くなったように、おむすびもスマートなスティック型に！　これなら持ちやすい、食べやすい、見た目もベリーキュート！

肉巻きおかかごはん

材料

かつお節……大さじ2
麺つゆ……小さじ1/2、大さじ1/2
ごはん……100g
粉チーズ……小さじ1
牛薄切り肉……50g
サラダ油……小さじ1

作り方

1 ボウルにかつお節と麺つゆ小さじ1/2を入れ和える。

2 **1**にごはんと粉チーズを入れ、よく混ぜ合わせる。

3 スティック状に成型し、牛薄切り肉を巻く（焼き縮みするので少しずつ重ねながら巻く）。

4 フライパンにサラダ油を中火で熱し、**3**を転がしながら、全体がこんがりするまで焼く。火を止め、麺つゆ大さじ1/2を加え絡める。

スティックオムライス

材料

サラダ油……小さじ1
玉ねぎ（5ミリ角切り）……15g
ウインナーソーセージ（輪切り）……1/2本分
ごはん……100g
グリーンピース……小さじ2
ケチャップ……小さじ2
塩・こしょう……少々
卵……1個
塩……少々
水溶き片栗粉（水：粉＝2：1）……小さじ1

作り方

1 フライパンにサラダ油を中火で熱し、玉ねぎとウインナーソーセージ、ごはん、グリーンピースを入れ炒める。

2 **1**にケチャップと塩・こしょうを加え、よく混ぜながら炒め、取り出しておく。

3 別のフライパンに少量のサラダ油（分量外）を中火で熱し、卵と塩、水溶き片栗粉をよく混ぜたものを流し入れ、薄焼き卵を作る。

4 **2**をスティック状に成型し、**3**を巻く。

白ごま明太子スティック

材料

ごはん……100g
明太子（ほぐす）……20g
白ごま……小さじ1
大葉（縦半分に切る）……1枚分

作り方

1 ボウルにごはんと明太子、白ごまを入れ、混ぜ合わせる。

2 **1**をスティック状に成型し、大葉を巻くように張り付ける。

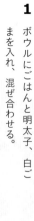

カレーごはん in ハム&コーン

材料

サラダ油……小さじ1
ごはん……100g
カレー粉……小さじ1/2
塩……少々
ケチャップ……小さじ1/2
ハム（7㎜角切り）……1枚分
コーン……大さじ2
パセリ……少々

作り方

1 フライパンにサラダ油を中火で熱し、ごはんとカレー粉、塩、ケチャップを炒める。

2 全体によく混ざったら、ハムとコーンを加え混ぜ合わせる。

3 **2**をスティック状に成型し、刻んだパセリを上面に飾る。

天丼スティック

材料

天かす……小さじ2
麺つゆ……小さじ2
塩……少々
ごはん……100g
桜エビ……大さじ1
ごま油……小さじ1/3
三つ葉……少量

作り方

1 ボウルに天かすと麺つゆを入れ和える。

2 **1**に塩をふったごはんと桜エビ、ごま油を入れ、よく混ぜ合わせる。

3 **2**をスティック状に成型し、三つ葉を飾る。

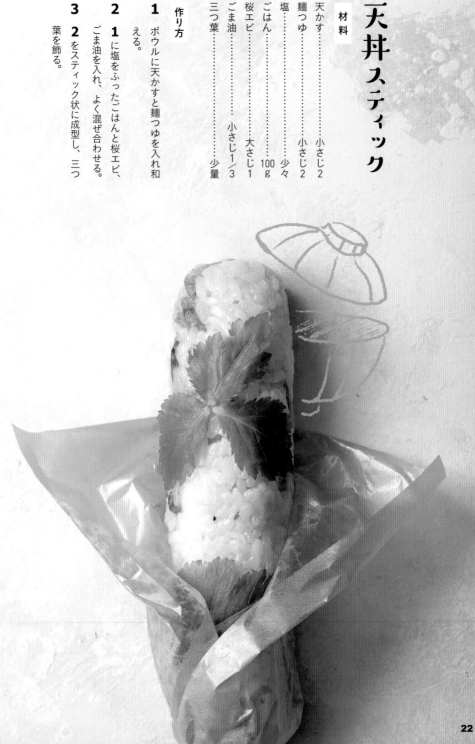

ピリ辛そぼろスティック

材料

ごま油……………………小さじ1
牛ひき肉…………………50g
酒…………………………小さじ1
にんにく(すりおろす)……小さじ1/3
コチュジャン……………大さじ1/2
輪切り唐辛子……………ひとつまみ
ごはん……………………100g
えごまの葉(千切り)………1枚分
韓国のり(1.5cmの正方形に切る)……1枚分

作り方

1 フライパンにごま油を中火で熱し、牛ひき肉をぽろぽろになるまで炒める。

2 **1**に酒とにんにく、コチュジャン、輪切り唐辛子を加え、水分がなくなるまで煮詰める。

3 ボウルにごはんとえごまの葉を入れ、混ぜ合わせる。

4 ラップに**3**を広げ真ん中に**2**を線上に乗せ、中央に来るように両側から包み、スティック状に成型する。

5 表面に韓国のりを格子状に貼る。

ライスバーガー

ハンバーガーのようにお米が食べたい……！ そんな米好き日本人の願いから生まれたハイブリットメニュー〝ライスバーガー〟。大きな具も和モノなおかずも挟めちゃうマッチョな一品は、さながらコンパクト定食弁当。香ばしく炙ったごはんもベストマッチ！

材料

- ごはん……220g
- 片栗粉……大さじ1
- 塩……小さじ1/2
- しょう油……少々
- 牛薄切り肉（一口大に切る）……50g
- 焼き肉のたれ……小さじ2
- コチュジャン……小さじ1/2
- レタス……1枚
- マヨネーズ……適量

作り方

1 ボウルにごはんを入れ、片栗粉と塩を混ぜ合わせ、2等分にして直径10㎝ほどの丸い板状に成型する。

2 フライパンを中火で熱し、しょう油を塗った**1**を入れ、両面を焦げ目が付く程度焼く。

3 別のフライパンを中火で熱し、牛薄切り肉を炒める。焼き肉のたれとコチュジャンを加えよく混ぜ合わせる。

4 **2**の1枚にレタスと**3**を乗せ、マヨネーズを細く絞り、もう1枚の**2**でサンドする。

目玉焼きハンバーグ

材料

※ごはんバンズ(P.25作り方**1**、**2**参照)……2枚
玉ねぎ(輪切り)……1枚
サラダ油……小さじ1
卵……1個
赤ワイン……大さじ1
ケチャップ……大さじ1
ウスターソース……小さじ2
クレソン(食べやすい長さにちぎる)……2本分
ハンバーグ(市販)……1個

作り方

1 フライパンを中火で熱し、玉ねぎを輪切りの形のまま入れ、ふたをしてしんなりするまで焼いたら取り出しておく。

2 **1**のフライパンにサラダ油を中火で熱し、卵を割り入れ、目玉焼きを作ったら取り出しておく。

3 **2**のフライパンに赤ワインを中火で熱し、沸騰したら火を止めて、ケチャップとウスターソースを入れよく混ぜ合わせる。

4 ごはんバンズの1枚にクレソンと温めたハンバーグを乗せ、**3**をかける。さらに**1**と**2**を乗せてもう1枚のごはんバンズでサンドする。

サバの味噌煮in七味マヨ

材料

※ごはんバンズ（P.25作り方**1**、**2**参照）……2枚
マヨネーズ……大さじ1
七味唐辛子……少々
酢……小さじ1/2
フリルレタス……1枚
白ねぎ（5cmの白髪ねぎにする）……10cm分
サバの味噌煮缶（大きいものは食べやすい大きさにほぐす）……1/2缶（約60g）
青ねぎ（2cm笹切り）……1本分

作り方

1 ボウルにマヨネーズと七味唐辛子、酢を混ぜ合わせ、少量をごはんバンズの片方の内側に薄く塗る。

2 **1**の上にフリルレタスと白髪ねぎ、サバの味噌煮を乗せ、残った七味マヨネーズを乗せる。

3 青ねぎを散らし、もう1枚のごはんバンズでサンドする。

シャキシャキ千切りポテト with 明太マヨ

材料

※ごはんバンズ（P.25作り方**1**、**2**参照）……2枚
明太子（中身をほぐす）……1本
マヨネーズ……大さじ2
じゃがいも（小・千切り）……1個分
にんじん（千切り）……1/10本分
サラダ油……小さじ1
塩……ひとつまみ
酢……小さじ2
砂糖……小さじ1
レタス……1枚
大葉……1枚

作り方

1 ボウルに明太子とマヨネーズを混ぜ合わせ、少量をごはんバンズ1枚の内側に薄く塗る。

2 別のボウルにじゃがいもとにんじんを入れ、10分ほど水にさらし2回水を変える。

3 フライパンにサラダ油を中火で熱し、よく水気を切った**2**を入れ、じゃがいもがうっすら透明になるまで炒める。

4 **3**に塩、酢、砂糖を加えて混ぜ合わせる。

5 **1**にレタスと**4**、大葉、残った明太子マヨを乗せ、もう1枚のごはんバンズでサンドする。

ホタテのバターしょう油&れんこん

材料

※ごはんバンズ（P.25作り方**1**、**2**参照）……2枚
れんこん（皮付き5㎜厚スライス）……1枚
酢水（水：酢＝10：1）……適量
バター……5g
ベビーホタテ貝柱……3個
アスパラガス（斜め切り）……1本分
コーン……大さじ1
しょう油……小さじ1
塩……少々
のり（7㎝角）……1枚
フリルレタス……1枚

作り方

1 れんこんは酢水に10分ほど浸けておく。

2 フライパンにバターを中火で熱し、ベビーホタテ貝柱とアスパラガスを炒め、火が通ったらコーンとしょう油を加える。

3 別のフライパンを中火で熱し、れんこんを入れ、両面に焼き色が付くまで焼いてから、軽く塩を振る。

4 のりを貼ったごはんバンズの1枚にフリルレタス、**3**、**2**の順で乗せ、もう1枚のごはんバンズでサンドする。

巻き寿司

2色ごはんのカラフル巻き

「手軽さならオイラを忘れちゃいないかい？」ザ・ジャパニーズスタイル〝巻き寿司〟だって負けちゃいない。お好みの具材をくるくる巻いて食べやすい大きさにカット。手早くつまめるし、「おひとつどうだい？」と粋な感じで人とシェアしても楽しい。

材料

ごはん……150g
寿司酢……大さじ1
でんぶ……大さじ1／2
青のり……小さじ2
卵……1個
塩……少々
水溶き片栗粉（水：粉＝1：2）……大さじ1／2
きゅうり（縦にピーラーでスライス）……2枚
カニカマ……3本
のり……1／2枚

作り方

1 ボウルにごはんを入れ、寿司酢を混ぜ、半量に分けて片方にでんぶ、もう片方に青のりを混ぜ合わせる。

2 別のボウルに卵と塩、水溶き片栗粉を混ぜ合わせる。

3 フライパンを中火で熱し**2**を注ぎ入れ、約20㎝四方の薄焼き卵を作り、半分に切る。

4 巻きすの上にラップを敷き、**3**の1枚を手前に置き、奥にきゅうりとカニカマを置く。

5 **4**の薄焼き卵の手前半分くらいにのりを置く。

6 のりと薄焼き卵の上の右半分にでんぶごはん、左半分に青のりごはんを敷く。

7 手前から隙間ができないように巻いていく。カニカマときゅうりの部分はしっかりと握るようにして密着させ、しばらく置いてなじませる。

明太マヨとセロリの裏巻き

材料

ごはん……170g
寿司酢……大さじ1強
白ごま……小さじ2
のり……1枚
明太子（中身をほぐす）……2本
マヨネーズ……大さじ1
セロリ（ピーラーで縦に切る）……20g
水菜（のりの横幅に揃えて切る）……20g

作り方

1 ボウルにごはんと寿司酢、白ごまを入れ、混ぜて冷ましておく。

2 別のボウルに明太子とマヨネーズを混ぜ合わせる。

3 のりの上にごはんを均一の厚さに広げ、（奥2cmほどは乗せなくてよい）、ラップを上からのせ、ラップ面が下になるよう引っくり返して巻きすの上に乗せる。

4 **3**の手前に明太子マヨとセロリ、水菜を並べ隙間ができないように巻いていく。

5 巻いたまましばらく置いてなじませる。

おにぎりの具

おにぎりはビックバン。定番の具もいいけど、掛け合わせることで個性と個性がスパークして美味しさ倍増！ご飯をリングに見立て、自由な発想で組み合わせれば大興奮のマッチアップが実現する。中に入れる？混ぜ合わせる？具に魂込めて、むすんでこいや！

焼き鮭×柚子こしょう×マヨ

材料

甘塩鮭（骨を取り除く）……35g（約半切れ）
マヨネーズ……小さじ1
柚子こしょう……小さじ1/2
ごはん……100g
塩……少々
のり……1/2枚

作り方

1 フライパンを中火で熱し、甘塩鮭を両面焼き目が付くまで焼く。
2 ボウルにマヨネーズと柚子こしょうを入れ混ぜ、鮭の両面に多めに塗る。
3 ごはんに塩を振り、鮭を包むように握ってのりを巻く。

クリームチーズ×味噌×おかか

材料

かつお節……大さじ1
麺つゆ……小さじ1
ごはん……100g
塩……少々
クリームチーズ……小さじ2
味噌……小さじ1
みりん……小さじ1/3

作り方

1 ボウルにかつお節と麺つゆを入れ混ぜ合わせる。
2 ごはんに塩を振り、まん中に**1**を入れて三角形に握る。
3 クリームチーズ、味噌、みりんを混ぜたものを上面に塗り、オーブントースターまたはグリルで焼き目が付くまで焼く。

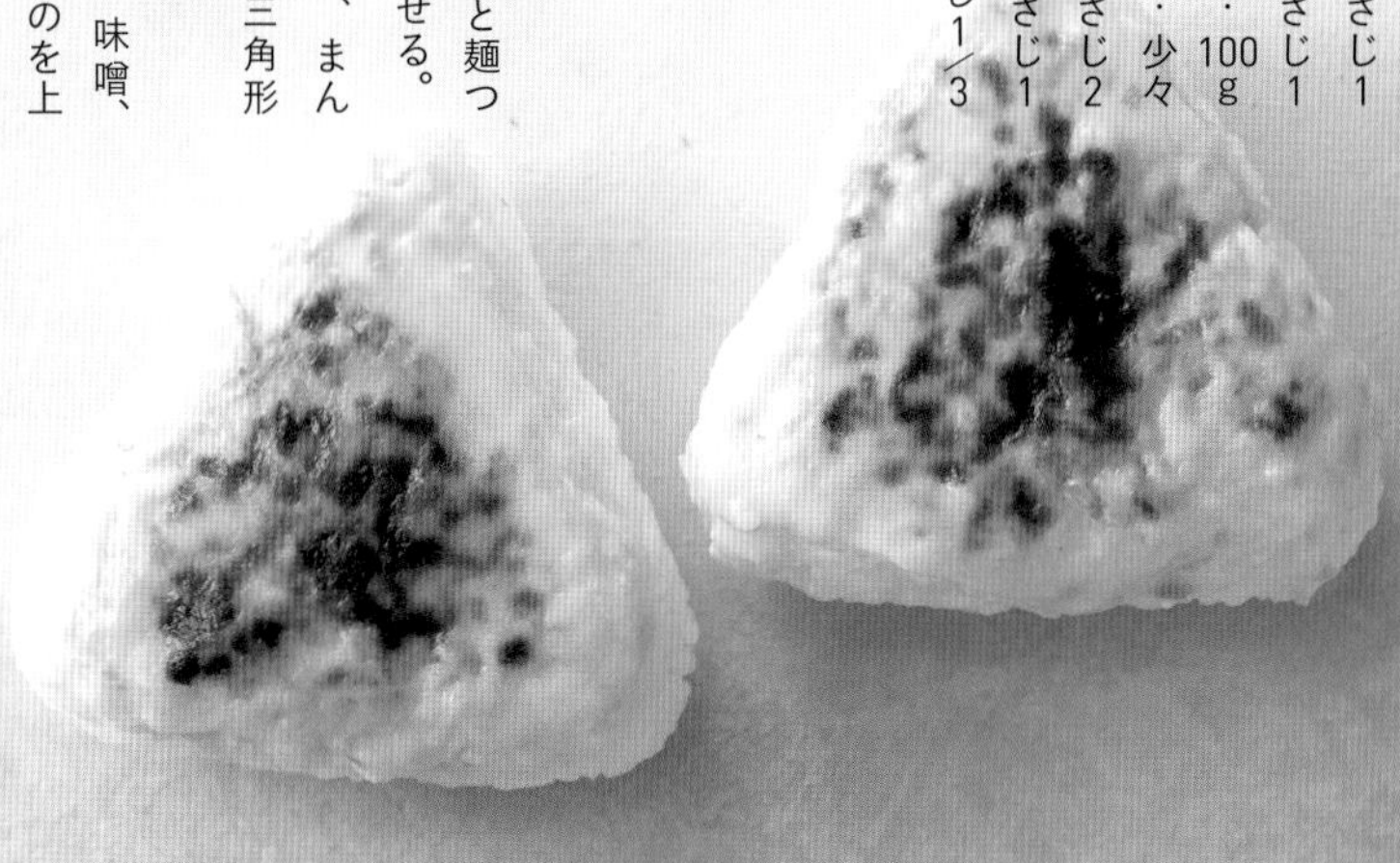

スイートチリ×マヨ×鶏の唐揚げ

材料

スイートチリソース…小さじ1
マヨネーズ…小さじ1
ごはん…100g
塩…少々
鶏の唐揚げ…1個
のり…1枚

作り方

1 ボウルにスイートチリソースとマヨネーズ、鶏の唐揚げを入れ混ぜ合わせる。

2 ごはんに塩を振り、**1**をソースごと包んで三角に握り、のりを巻く。

味玉×チャーシュー

材料

ごはん…100g
麺つゆ…小さじ2
チャーシュー…1枚
味玉…1/2個
のり…1/2枚

作り方

1 ボウルにごはんと麺つゆを入れ混ぜ合わせる。

2 **1**を広げ、チャーシューと味玉を乗せ、味玉が半分くらい見えるように包み、のりを巻く。

きゅうり×鮭×ぶぶあられ

材料

- きゅうり（輪切り）……15g
- 塩……ひとつまみ
- ごはん……100g
- 鮭フレーク……10g
- あられ……小さじ2

作り方

1. ボウルにきゅうりを入れ、塩を振ってしんなりしたら水で洗い、水気をよく拭き取る。
2. 別のボウルにごはんと**1**、鮭フレーク、あられを混ぜて三角に握る。

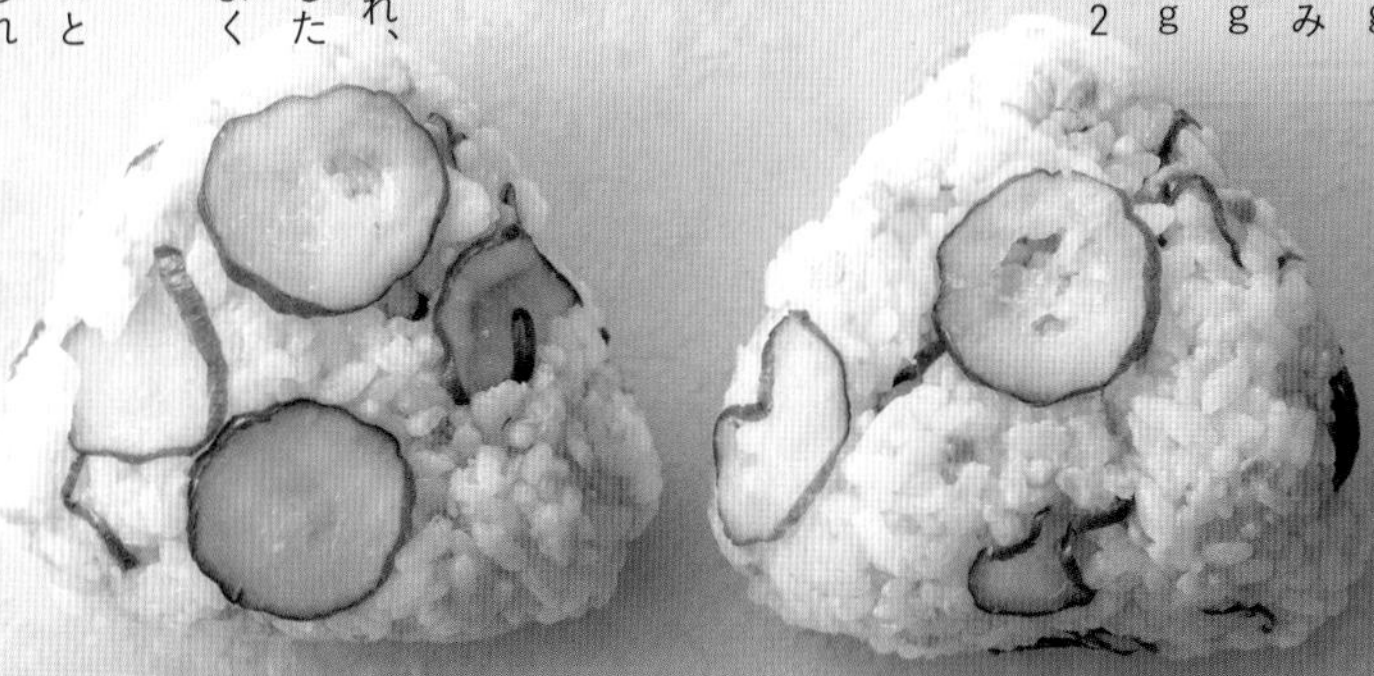

たこ焼き風

材料

- キャベツ（粗みじん切り）……1/5枚分
- ごはん……90g
- お好み焼きソース……小さじ2
- 天かす……小さじ2
- 紅ショウガ（汁気は切り、粗く刻む）……大さじ1
- 青のり……小さじ2
- 魚肉ソーセージ（輪切り）……2/3本分
- マヨネーズ……適量

作り方

1. キャベツは電子レンジ（600W）で約1分加熱する。
2. ボウルにごはんとお好み焼きソース、天かす、紅ショウガ、青のり、魚肉ソーセージを入れ、**1**、混ぜ合わせる。
3. 丸く握り、お好みでマヨネーズをかける。

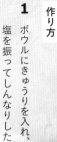

のりの佃煮×角切りチーズ

材料

塩……少々
ごはん……100g
青のり……小さじ1
プロセスチーズ（1センチ角切り）……40g
のり……適量
のりの佃煮……大さじ1/2

作り方

1 ボウルに塩を降ったごはんと青のり、プロセスチーズを入れ混ぜ合わせる。

2 三角に握り、真ん中を少しくぼませる。

3 のりを三角系の外周に沿って巻き、真ん中のくぼみにのりの佃煮を乗せる。

枝豆×たくあん×しそ

材料

ごはん……100g
大葉（7㎜の角切り）……1枚分
たくあん（5㎜角切り）……10g
枝豆……8本分
塩……少々

作り方

1 ボウルにすべての材料を入れ混ぜ合わせ、三角に握る。

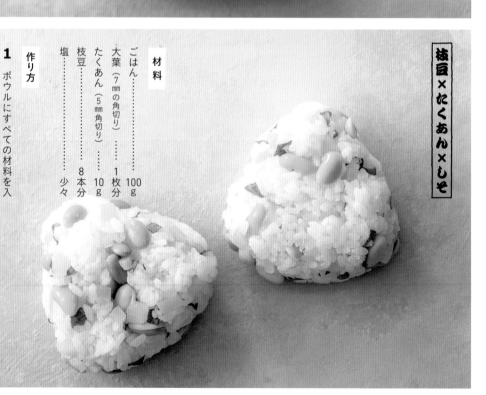

バターしょう油×コーン

材料

ごはん……………… 100g
コーン…………… 大さじ2
青ねぎ（小口切り）…… 1本分
バター………………… 5g
しょう油…… 小さじ1／2

作り方

1 ボウルにすべての材料を入れ混ぜ合わせ、三角に握る。

2 オーブントースターかグリルで焼き色が付くまで焼く。

しょうがごはんの天むす

材料

麺つゆ………… 小さじ2
みりん………… 小さじ2
砂糖………… 小さじ1／2
水……………… 小さじ1／2
海老の天ぷら……………… 1本
ごはん………………… 100g
しょうが（みじん切り）…… 5g
のり…………………… 適量

作り方

1 耐熱容器に麺つゆとみりん、砂糖、水を入れ、電子レンジ(500W)で約40秒加熱する。

2 **1**に海老の天ぷらを絡める。

3 ごはんで海老の天ぷらを包むように握り（たれもごはんにしみ込むくらい多めに入れる）、のりで包む。

Column1

おにぎりのお話

おにぎり？ おむすび？ どっちでもパワーアイテム!?

おにぎりって地域によって呼び方が違っていて、一番ポピュラーな名前は何なの？　ってなる。どっちが公式アカウント？みたいな。通説では、東日本で「おにぎり」、西日本では「おむすび」とされることが多いらしいんだけど、広辞苑を引いてみると、

おにぎり【御握り】：にぎりめし。おむすび
おむすび【御結び】：握飯（にぎりめし）のこと。
にぎりめし【握り飯】：握り固めた飯。むすび。おにぎり。

日本おにぎり協会によると、古事記に登場する山の神「むすびの神」を崇め奉り、神の力を授かるため、炊いた米を山の形（三角形）に模して成形し、食べたものを「おむすび」と呼ぶようになったんだとか。

つまり「おむすび」は三角形のもののみを指し、「にぎりめし」が転じた「おにぎり」は握ってあればどんな形でも良いという説が有力。また、「おにぎり」は「鬼切り＝災いを退ける」、「おむすび」は「お結び＝良い縁を結ぶ」と縁起を担いだとの説もあるので、どちらの呼び名にしろ、おにぎりはいわば持ち歩けるパワースポット。これは受験生もビジネスパーソンも竹皮に包んで毎日持ち歩くっきゃないわけ。

「おにぎり」と「おむすび」で記念日が別々!?

「おにぎり」と「おむすび」にはそれぞれ別で〝記念日〟があるって知っていた? 同一人物なのに誕生日が2回あるって、一体どこぞの貴族なのか、ログインボーナスが少々過ぎないかと調べてみると、「おにぎりの日」は6月18日、「おむすびの日」は1月17日。「おにぎりの日」は、1987(昭和62)年11月に、石川県鹿島郡中能登町にある杉谷チャノバタケ遺跡の竪穴住居跡から、おにぎり状の炭化した米で〝日本最古のおにぎり〟「粽(チマキ)状炭化米塊」が出土し、「それ町興しだ!」と中能登町(旧・鹿西町)が「おにぎりの里」として制定。旧・鹿西町(ろくせいまち)の「ろく」から「6」月、毎月18日が「米食の日」(1978〈昭和53〉年10月に三重県が制定)だったため18日に。18の由来は、「米」という漢字が「十」と「八」に分解できるからだとか。

一方、〝人と人が手を結ぶ〟という意味が込められた「おむすびの日」は、1995(平成7)年に発生した阪神・淡路大震災で避難生活を余儀なくされた人々へ、ボランティアによる炊き出しでおむすびが配られたことがきっかけ。おむすびで多くの人が励まされたことから「ごはんを食べよう国民運動推進協議会」が2000年11月に制定、2001年から実施したもの。食の歴史的発見と大震災でのエピソードから決まった記念日。日本人にとって、おにぎりは単なる食べ物じゃないのだ。

CHAPTER 2

ONEHAND of Bread

パンのワンハンド

忙しい毎日の合間に、サッと手に取れて、ホッと一息つかせてくれる。即戦力のパンは、ワンハンドランチの絶対的王者。デジタル社会の激しい変化とスピードに晒され続ける現代人が戦い抜けるよう、パンのランチをアップデートしよう。食欲を満たす圧倒的ボリュームとフォトジェニックな見た目で時代にコミット！

PIZZA

トマト×バジル×モッツァレラ

熱々のチーズから漂うルネサンスの香り。カリッと焼き上がったピザトーストは、まるで描きこまれた名画のよう。真っ白な食パンをキャンバスに、散りばめた具材のハーモニーは人生の豊かさを、焼き色は陰影を、芳醇なチーズは深みを表現。美意識も刺激するランチタイムに。

材料

- 食パン（8枚切り）……2枚
- ピザソース……大さじ2
- ピザチーズ……30g
- トマト（5ミリの薄切り）……1/4個分
- モッツァレラチーズ（4等分に切る）……1/2個分
- バジル（大きい葉はちぎる）……5枚

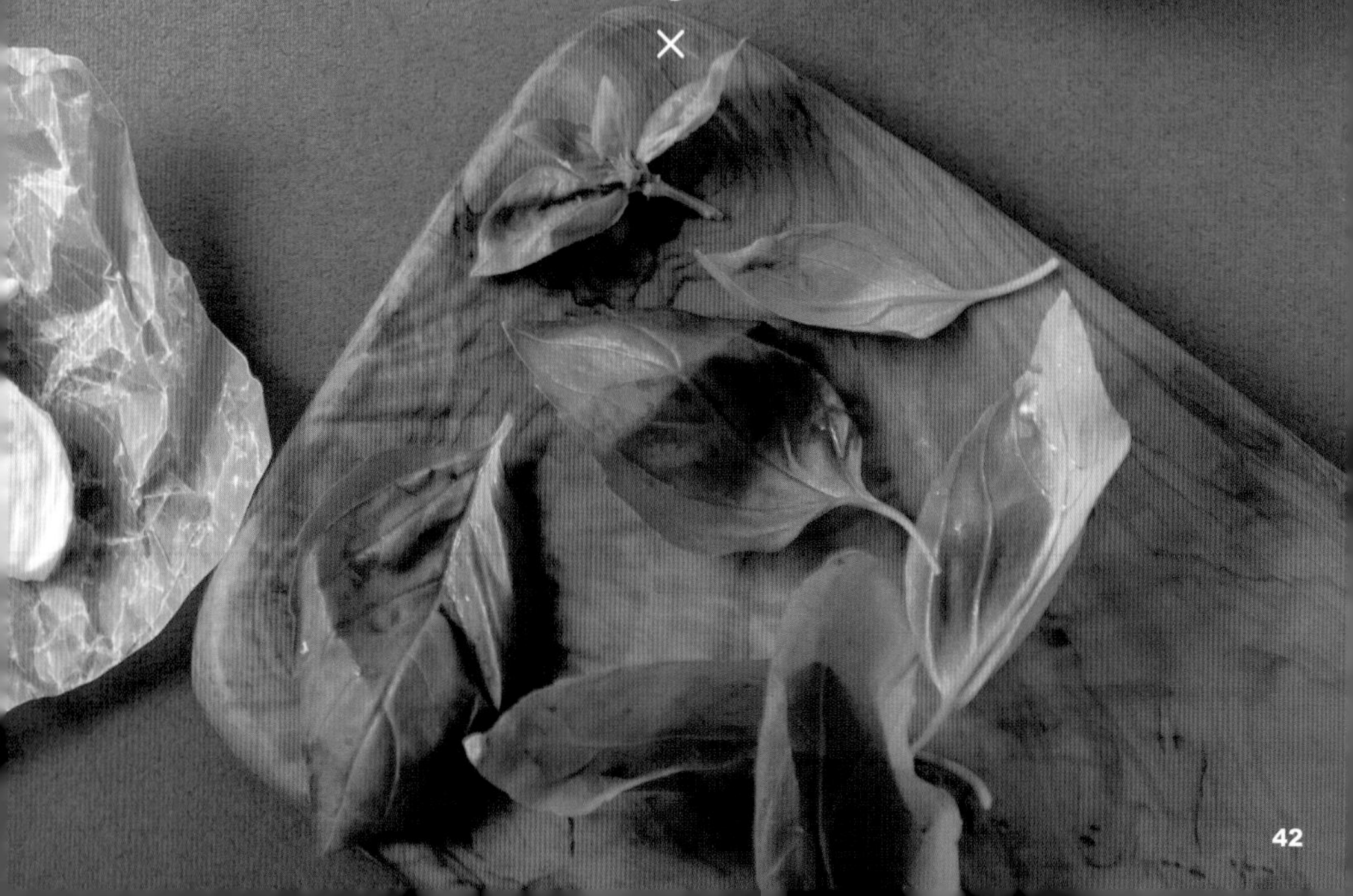

作り方

1 食パンにピザソースを半量ずつ塗る。

2 **1**の片方にピザチーズを乗せ、さらにトマトとモッツァレラチーズ、バジルを乗せ、もう1枚でサンドし、軽く抑える。

3 オーブントースターで**2**を片面約3分ずつ、表面に焼き目が付きチーズが溶けるまで焼く（トースターにより時間は調節）。

Onion Green-Pepper Salami

玉ねぎ×ピーマン×サラミ

材料

食パン（8枚切り）……2枚
ピザソース……大さじ2
ピザチーズ……40g
玉ねぎ（薄切り）……15g
ピーマン（縦半分に切り3㎜幅の輪切り）……1/4個分
スライスサラミ……4枚
タバスコ……少々

作り方

1 食パンにピザソースを半量ずつ塗る。

2 **1**の片方にピザチーズを乗せ、さらに玉ねぎとピーマン、スライスサラミを並べタバスコを振り、もう1枚でサンドし、軽く抑える。

3 オーブントースターで**2**を片面約3分ずつ、表面に焼き目が付きチーズが溶けるまで焼く（トースターにより時間は調節）。

ゆで卵×ツナ

Boiled-Egg Tuna

材料

食パン（8枚切り）……2枚
ピザソース……大さじ2
ピザチーズ……40g
卵（ゆで卵・6つにスライス）…1個
ツナ（水気を切る）……20g
黒こしょう……少々

作り方

1 食パンにピザソースを半量ずつ塗る。

2 **1**の片方にピザチーズを乗せ、さらにゆで卵を並べツナを乗せ、もう1枚でサンドし、軽く抑える。

3 オーブントースターで**2**を片面約3分ずつ、表面に焼き目が付きチーズが溶けるまで焼く（トースターにより時間は調節）。

Quattro Formaggi

クワトロフォルマッジ

材料

食パン（8枚切り）……2枚
ピザチーズ……20g
モッツァレラチーズ（1/2カット）……1/4個分
ゴルゴンゾーラチーズ（1cm角に切る）……30g
パルメザンチーズ…小さじ2
はちみつ……大さじ1

作り方

1 食パンの1枚にピザチーズとモッツァレラチーズ、ゴルゴンゾーラチーズ、パルメザンチーズを乗せる。

2 もう1枚の食パンにはちみつを塗り、**1**でサンドして軽く抑える。

3 オーブントースターで**2**を片面約3分ずつ、表面に焼き目が付きチーズが溶けるまで焼く（トースターにより時間は調節）。

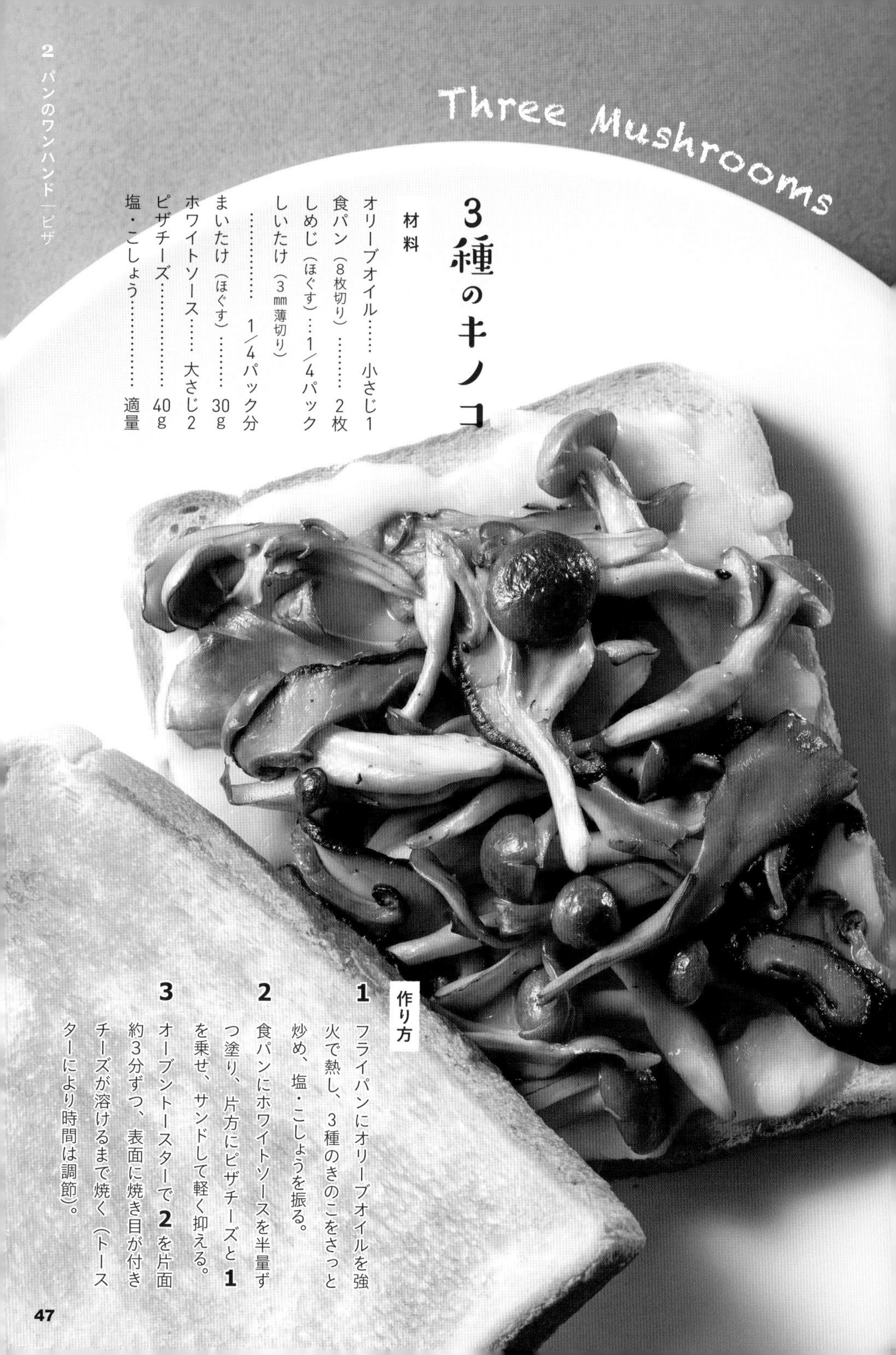

Three Mushrooms

3種のキノコ

材料

- オリーブオイル……小さじ1
- 食パン（8枚切り）……2枚
- しめじ（ほぐす）…1/4パック
- しいたけ（3㎜薄切り）……1/4パック分
- まいたけ（ほぐす）……30g
- ホワイトソース……大さじ2
- ピザチーズ……40g
- 塩・こしょう……適量

作り方

1 フライパンにオリーブオイルを強火で熱し、3種のきのこをさっと炒め、塩・こしょうを振る。

2 食パンにホワイトソースを半量ずつ塗り、片方にピザチーズと**1**を乗せ、サンドして軽く抑える。

3 オーブントースターで**2**を片面約3分ずつ、表面に焼き目が付きチーズが溶けるまで焼く（トースターにより時間は調節）。

ボリュームサンド

照り焼きチキンとオニオンサラダのサンドイッチ

お腹を空かせたお昼どきは、やっぱりボリュームこそが大正義！ワイルドで迫力満点なたたずまい、パンからはみ出そうなお肉や野菜が食欲を刺激する。豪快にかぶりつけば急速エネルギーチャージ！午後からパワー全開をお約束、ワンハンドスタイルは裏切らない。

材料

- カンパーニュスライス……2枚
- マヨネーズ……適量
- 玉ねぎ（薄切り）……30g
- 鶏もも肉……小さめ1枚（200g）
- 塩・こしょう……少々
- 薄力粉……大さじ1
- サラダ油……大さじ2
- しょう油……大さじ2
- みりん……大さじ2
- 酒……大さじ2
- 砂糖……大さじ1
- レタス……2枚

作り方

1　カンパーニュスライスは片面にそれぞれマヨネーズを塗る。

2　玉ねぎは10分ほど水にさらし水気を切る。

3　鶏もも肉は厚みのある所は開いて均一にし、塩・こしょうを振り、薄力粉を軽くはたく。

4　フライパンにサラダ油を中火で熱し、鶏もも肉を皮目から入れ、揚げ焼きにする。

5　**4**がカリッとしたら裏返して余分な油をキッチンペーパー等で拭き取り更に2分ほど焼く。

6　**5**にしょう油とみりん、酒、砂糖を加え煮詰めて絡める。

7　**6**から鶏もも肉を取り出して1センチ幅にカットする。

8　**1**の片方にレタスと**2**を乗せ、**7**をソースごと並べ、マヨネーズを乗せてサンドする。

2　パンのワンハンド―ボリュームサンド

焼き肉サラダのサンドイッチ

材料

マスタード……小さじ1
マヨネーズ……小さじ2
カンパーニュスライス…2枚
A 酒……大さじ1
しょう油…大さじ1/2
みりん……大さじ1
しょうが（すりおろし）……小さじ1/2
砂糖……大さじ1/2
豚ロース薄切り肉……70g
キャベツ（千切り）……2枚分
セロリ（千切り）…1/5本分
トマト（スライス）…1/3個分

作り方

1 ボウルにマスタードとマヨネーズを混ぜ合わせて、カンパーニュスライスのそれぞれの片面に塗る。
2 保存用ポリ袋に豚肉とAを入れ、しっかりもみ込む。
3 フライパンを中火で熱し、**2**を入れて豚ロース薄切り肉に火が通るまで炒める。
4 **1**にキャベツとセロリ、**3**、トマトを乗せてサンドする。

バナナとイチジクのシナモンクリームサンド

材料

マシュマロ……50g
生クリーム……大さじ1と2/3
ドライイチジク（5㎜角切り）……10g
シナモンパウダー……3振り
バター……5g
バナナ（縦半分に切る）……1本分
カンパーニュスライス……2枚

作り方

1 耐熱容器にマシュマロと生クリームを入れ、ラップをして電子レンジ（600W）で約40秒加熱しよく混ぜ合わせる。
2 **1**にドライイチジクとシナモンパウダーを加え混ぜ合わせる。
3 フライパンにバターを中火で熱し、バナナを両面さっと焼いて焼き目を付ける。
4 カンパーニュスライスに**2**と**3**を乗せサンドする。

厚切りパンサンド

分厚いボディにぎっしり具材を込めれば迫力満点、さながら美味しい砲弾。ワンハンド界期待の星〝厚切りパン〟は、その厚い装甲でしっかりとホールドされるため挟める具の自由度が高い上、持ちやすく手の汚れも気にならない。ひとつの理想形ここにあり。

鶏&卵そぼろ

材料

サラダ油……小さじ1
鶏ひき肉……80g
しょうが（すりおろし）……小さじ1/4
みりん…小さじ2、小さじ1
しょう油……小さじ2
砂糖……小さじ1
卵……1個
塩……ひとつまみ
食パン（4枚切り）……1枚
マヨネーズ……小さじ1/2
フリルレタス……1枚

作り方

1 フライパンにサラダ油を中火で熱し、鶏ひき肉をぽろぽろになるまで炒める。

2 **1**にしょうがとみりん小さじ2、しょう油、砂糖を加え、水分がなくなるまで軽く煮詰める。

3 ボウルに卵とみりん小さじ1、塩を入れよく混ぜ合せる。

4 別のフライパンを弱火で熱し、**3**を入れ菜箸4本で混ぜながら加熱し、細かいそぼろを作る。

5 食パンを横半分に切り、貫かない程度切り込みを断面に入れ、中にマヨネーズを塗る。

6 **5**の切り込みの中にフリルレタスと**2**と**4**を入れる。

カレー&ゆで卵

材料

食パン（4枚切り）……… 1枚
マヨネーズ……… 小さじ2
卵（ゆで卵）……… 1/2個
キャベツ（千切り）……… 15g
レトルトカレー……… 100g
福神漬け……… 少量

作り方

1 食パンを横半分に切り、貫かない程度断面に切り込みを入れ、中にマヨネーズを塗る。

2 卵は半分に切り、スライスにする。

3 **1**の切り込みにキャベツを入れ、温めたレトルトカレーと**2**、福神漬けを乗せる。

海老&レタス&タルタルソース

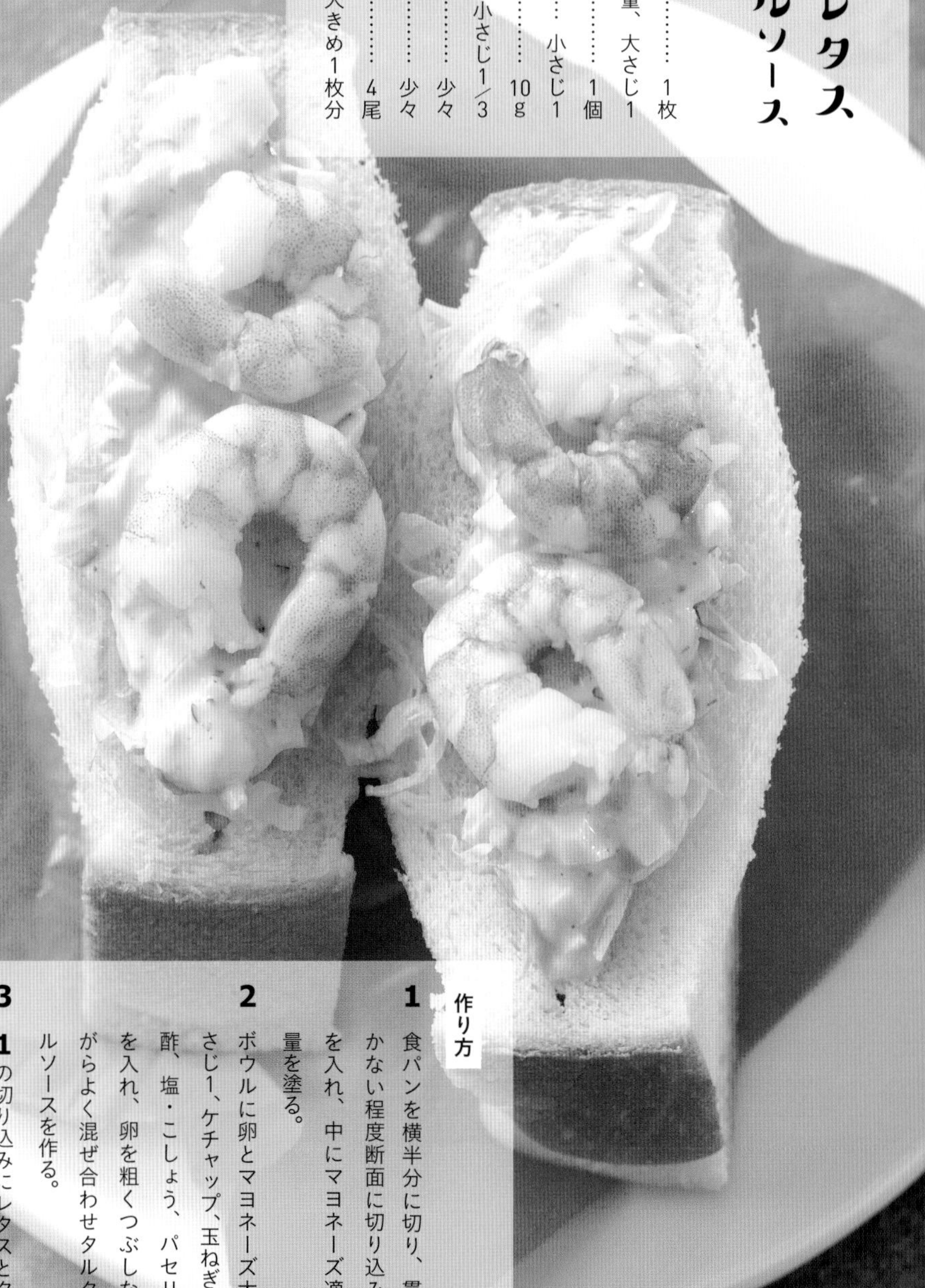

材料

- 食パン（4枚切り）……1枚
- マヨネーズ……適量、大さじ1
- 卵（ゆで卵）……1個
- ケチャップ……小さじ1
- 玉ねぎ（みじん切り）……10g
- 酢……小さじ1／3
- 塩・こしょう……少々
- パセリ……少々
- ボイル海老……4尾
- レタス（千切り）…大きめ1枚分

作り方

1 食パンを横半分に切り、貫かない程度断面に切り込みを入れ、中にマヨネーズ適量を塗る。

2 ボウルに卵とマヨネーズ大さじ1、ケチャップ、玉ねぎ、酢、塩・こしょう、パセリを入れ、卵を粗くつぶしながらよく混ぜ合わせタルタルソースを作る。

3 1の切り込みにレタスとタルタルソースを入れ、ボイル海老を乗せる。

パンにはさみたい
パスタ36連発

「パンに麺類」といえば焼きそばパン。でも、それだと毎日ワクワクできない。ならば、見た目も華やかな“ワンハンド・パスタ”をご提案。主食同士のワガママ合体は腹持ち抜群だし、パスタなら味のレパートリーも豊富。美味しい暴君とボンジョルノ〜！

柚子こしょう×しらす

柚子こしょう……小さじ 1/4
しらす……小さじ 2
塩……ひとつまみ
オリーブオイル……小さじ 1/2
青ねぎ（小口切り）……少々

タバスコ×ケチャップ×ピーマン

タバスコ……ひとふり
ケチャップ……小さじ 2
ピーマン……1/4 個
オリーブオイル……小さじ 1/2
塩・こしょう……適量

明太子マヨ×刻み海苔

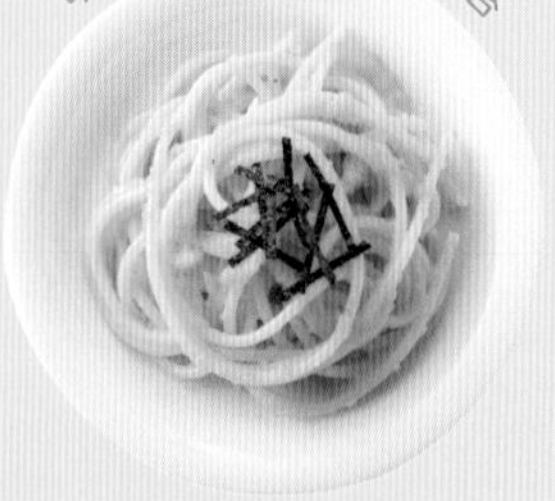

明太子（ほぐす）……大さじ 1/2
マヨネーズ……小さじ 1/2
刻みのり……ひとつまみ

キャベツ×にんにく×鷹の爪

キャベツ（一口大に切る）……1/4 枚分
にんにく（スライス）……1/2 かけ分
鷹の爪（輪切り）……ひとつまみ
オリーブオイル……小さじ 1/2
塩・こしょう……適量

ミートソース×角切りチーズ

ミートソース……50g
角切りチーズ……10g

コンビーフ×バターしょう油

コンビーフ……20g
バター……3g
しょう油……小さじ 1/4

きのこ×しょう油×生クリーム

しいたけ（スライス）……1/2 枚分
しめじ（1 本に分ける）…1/15 パック分
しょう油……小さじ 1/2
生クリーム……大さじ 2

ツナ×セロリ×トマトソース

ツナ（水気を切る）……小さじ 2
セロリ（一口大に切る）……1/10 本分
トマトソース……50g

塩鮭×麺つゆ×バター

塩鮭（一口大に切る）……1/6 切れ
麺つゆ……大さじ 1/2
バター……3g

鮭フレーク×オリーブ

鮭フレーク……………………大さじ1
グリーンオリーブ（輪切り）……6枚
オリーブオイル………… 小さじ1/2
塩・こしょう…………………………適量

イカ墨×さきいか

イカ墨ペースト　……………………大さじ1
トマトソース…………………………小さじ2
さきいか（細かく裂く）……………… 5g
塩・こしょう　…………………………　適量

ズッキーニ×クリームチーズ

ズッキーニ（輪切り）　………1/8本分
オリーブオイル　…………… 小さじ1/2
クリームチーズ（細かくちぎって混ぜる）
……………………………………………10g
塩・こしょう　……………………　適量

コーン×マヨネーズ×ツナ

コーン……………………………………小さじ2
マヨネーズ………………………………小さじ2
ツナ（水気を切る）……………小さじ2
こしょう……………………………　少々

カレー粉×玉ねぎ×ベーコン

カレー粉……………………………　少々
玉ねぎ（スライス）…………　1/16個分
ベーコン（スライス）…………1/4枚分
オリーブオイル…………………小さじ1/2
塩・こしょう………………………　適量

輪切りオリーブ×鷹の爪

黒オリーブ（輪切り）………………8枚
オリーブオイル………………… 小さじ1/2
鷹の爪（輪切り）…………　ひとつまみ
塩・こしょう　……………………　適量

サバ缶×鰹節

サバ（水煮缶・ほぐす）……………20g
かつお節　……………………………小さじ1
白だし…………………………… 小さじ1/2

大葉×粉チーズ×のり

大葉（千切り）………………… 1/2枚分
粉チーズ…………………………………小さじ1
刻みのり……………………　ひとつまみ
白だし……………………………小さじ1/2
オリーブオイル　………………小さじ1/2

カルボナーラの素×厚切りベーコン

カルボナーラの素…………………………50g
厚切りベーコン（スライス）………20g
黒こしょう……………………………　少々

※パスタは1.6～1.7mmのスパゲッティー30gを使用。たっぷりの湯に1%ほどの塩を加え表示通りに茹でてザルにあげる。

海老×にんにく×ナンプラー

ボイル海老 ……………………………3尾
にんにく（スライス）………1/2かけ分
ナンプラー……………………… 小さじ1/3
オリーブオイル……………… 小さじ1/2

オイルサーディン×レモン

オイルサーディン……………………1枚
オリーブオイル……………… 小さじ1/2
塩・こしょう……………………… 適量
レモン（スライス・いちょう切り）
……………………………………1枚分

角切りじゃがいも×ジェノベーゼソース

じゃがいも（角切りにしてレンジに
5分ほどかける）………………1/4個分
ジェノベーゼソース…………………50g

ブロッコリー×粉チーズ

ブロッコリー（小房・パスタの茹で上がる
2分前に一緒にゆで刻む）………1個分
粉チーズ……………………………小さじ1
塩・こしょう……………………… 適量
オリーブオイル……………… 小さじ1/2

ブルーチーズ×生クリーム×レーズン

ブルーチーズ……………………… 20g
生クリーム………………………大さじ1
レーズン………………………… 10粒
こしょう………………………… 適量

塩昆布×水菜

塩昆布……………………………小さじ1
水菜（ざく切り）………………2本分
塩・こしょう……………………… 適量
オリーブオイル……………… 小さじ1/2

青のり×ちくわ×ごま

青のり………………………… 小さじ1/3
ちくわ（輪切り）……………1/2本分
白いりごま……………………… 少々
塩・こしょう……………………… 適量
オリーブオイル……………… 小さじ1/2

海老×トマトクリームソース

ボイル海老…………………………4尾
トマトソース……………………… 50g
生クリーム………………………大さじ1
塩・こしょう……………………… 適量
青ねぎ（小口切り）…………… 少々

たっぷり青ネギ×カラスミパウダー

青ねぎ（小口切り）……………2本分
カラスミパウダー………………小さじ1
オリーブオイル……………… 小さじ1/2

白だし×しいたけ×生クリーム

白だし ……………………… 小さじ 1/2
しいたけ（スライス）……… 1 本分
生クリーム…………………… 大さじ 2

ベーコン×バジル×粉チーズ

スライスベーコン（一口大に切る）
…………………………………… 1/2 枚分
バジル（ざく切り）……………… 1 枚分
粉チーズ……………………… 小さじ 1/3
オリーブオイル……………… 小さじ 1/2

ウインナー×ケチャップ

ウインナーソーセージ（輪切り）… 1 本分
ケチャップ………………………… 小さじ 2
塩・こしょう……………………… 適量

たらこ×大葉×七味唐辛子

たらこ（ほぐす）…………… 大さじ 1/2
大葉（千切り）……………… 1/2 枚分
七味唐辛子…………………… 少々
塩………………………………… 少々

バジル×トマト×モッツァレラ

バジル（ざく切り）……………… 1 枚分
トマト（ざく切り）……………… 1/4 個分
モッツァレラチーズ（ざく切り） … 20g

ささみ×柴漬け×マヨネーズ

ささみ（一口大に割く・酒を振って
レンジに 5 分かける）……… 1/3 本分
柴漬け………………………… 大さじ 1/2
マヨネーズ……………………… 小さじ 1
塩………………………………… 少々

グリーンピース×ホタテ缶×マヨネーズ

グリーンピース………………… 大さじ 1
ホタテ缶……………………………… 15g
マヨネーズ……………………… 小さじ 1
塩・こしょう…………………… 適量

ひき肉×ねぎ×コチュジャン

豚ひき肉 ……………………………… 30g
白ねぎ（小口切り）………… 1/10 本分
コチュジャン……………… 小さじ 1/2
ごま油……………………… 小さじ 1/2

アスパラ×ハム×クリームチーズ

アスパラガス（一口大に切る）… 1/2 本分
ハム（1cm 角に切る）………… 1/2 枚分
クリームチーズ……………………… 1/3 袋

バゲットサンド

今日は川のほとりでちょっとブレイク（した気になれる）。バゲットなら気品漂うランチに早変わり。外はカリカリ、中はふんわりのパンに具材を挟めばアラ不思議。自然に〝映える〟魔法がかかっちゃう、おしゃれ偏差値の高さ。ひと工夫で本格スイーツにも。

パストラミサンド

材料

粒マスタード……小さじ2
マヨネーズ……小さじ2
バゲット……1/3本
フリルレタス……1枚
パストラミ……40g
カマンベールチーズ（4等分）……1/2個分
黒オリーブスライス……8個

作り方

1 ボウルに粒マスタードとマヨネーズを混ぜ合わせる。

2 バゲットは上面に深さ2/3程度の切り込みを入れ、中に**1**を塗る。

3 **2**の切り込みにフリルレタスとパストラミ、カマンベールチーズを挟み、黒オリーブを並べる。

サバサンド

材料

バゲット……………………1/3本
マヨネーズ…………………小さじ2
塩サバ…………………………1/3枚
フリルレタス…………………1枚
赤玉ねぎ（薄切り）…………15g
レモンスライス（いちょう切り）…1枚
ディル…………………………少々
トマト（5㎜厚さ半月スライス）……3枚

作り方

1 バゲットは上面に厚さ2/3程度切り込みを入れ、マヨネーズを塗る。

2 フライパンを中火で熱し、塩サバを入れ両面焼き目が付くまで焼く。

3 **1**の切り込みにフリルレタスと**2**、赤玉ねぎ、レモンスライス、ディル、トマトを挟む。

タラモサラダのスタッフドバゲット

材料

じゃがいも（中）……1／2個
バター……10g
バゲット……1／2本
たらこ（中身をほぐす）……1／2本
青ねぎ（小口切り）……2本分
マヨネーズ……大さじ2
塩、こしょう……少々
レモン汁……小さじ1

作り方

1 じゃがいもは水で濡らしてラップに包み、電子レンジ（600W）で約3分加熱し、竹串が通るくらい柔らかくなったら皮をむきボウルに入れる。

2 **1**が熱いうちに潰し、バターを溶かし混ぜ合わせる。

3 バゲットは中身をくりぬき、くりぬいた中身を細かく刻む。

4 ボウルに**2**とたらこ、青ねぎ、マヨネーズ、塩・こしょう、レモン汁、刻んだバゲットを入れ混ぜ合わせ、くりぬいたバゲットの中に詰める。

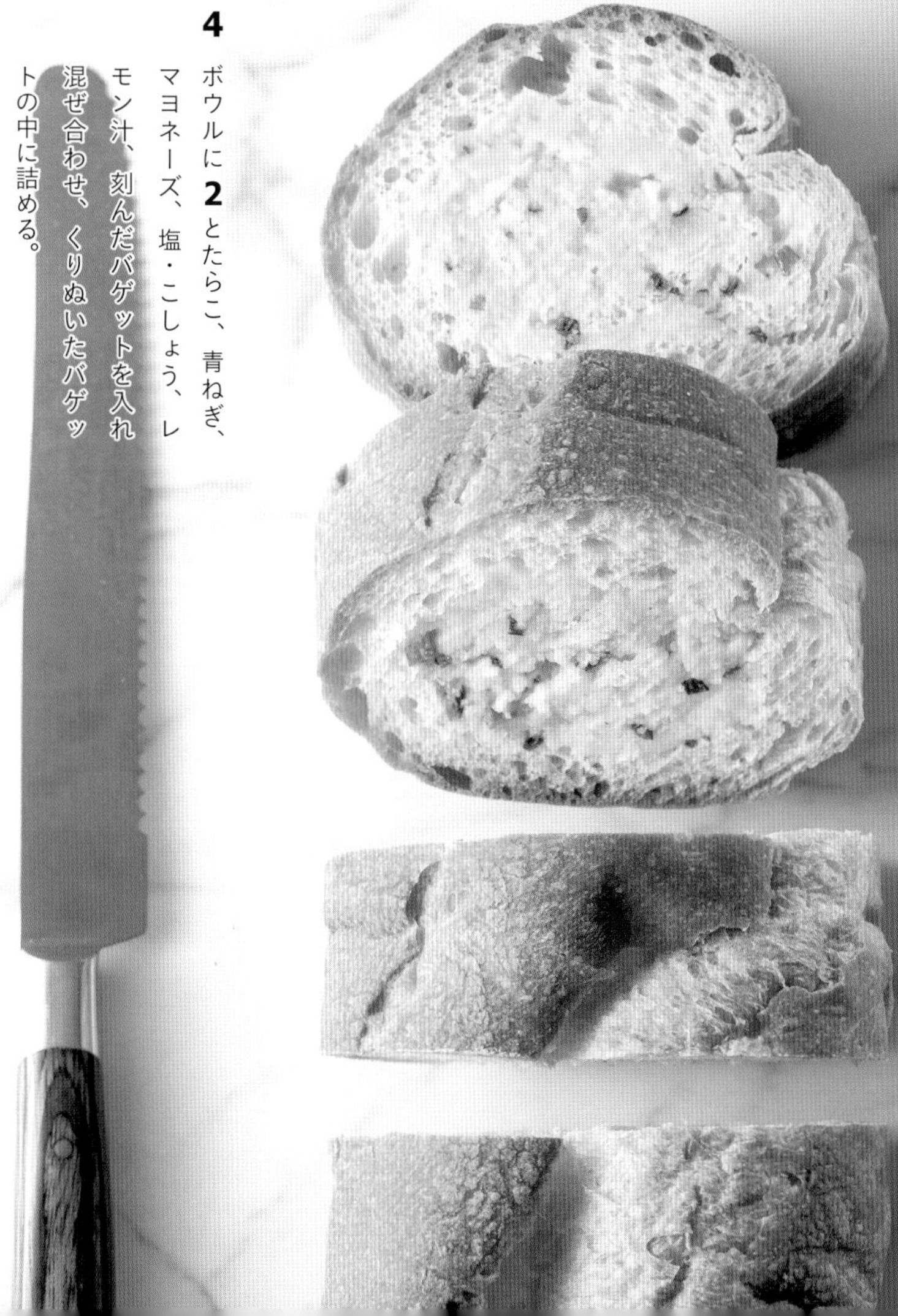

バゲットフレンチトースト

材料

卵……1個
牛乳……50㎖
砂糖……大さじ1
バゲット（縦1/4、横1/2カットを2本）……1/4本分
バター……5g
粉糖……少々
はちみつ……大さじ1

作り方

1 ボウルに卵と牛乳、砂糖を入れよく混ぜ合わせ、保存用ポリ袋に入れ、さらにバゲットが全部浸かるように入れて約10分置く。

2 フライパンにバターを中火で熱し、**1**を全面焼き色が付くように焼く。

3 粉糖とメープルシロップをかける。

バゲットティラミス

材料

湯……50㎖
インスタントコーヒー……大さじ3
砂糖……大さじ3
バゲット（たて1／2、横1／2カット）……1／4本分
ホイップクリーム……35ｇ
クリームチーズ……40ｇ
ココアパウダー……少々

作り方

1 耐熱容器に湯とインスタントコーヒー、砂糖を入れてよく溶かし、濃いめのコーヒーシロップを作る。

2 バゲットを**1**に浸す。

3 ボウルにホイップクリームとクリームチーズを混ぜ、**2**の断面にたっぷりめに塗る。

4 トースターで焼き目が付くまで焼き、ココアパウダーを振る。

ロールパンサンド

全国どこのスーパーでも売っている、みんなの味方・ロールパン。普段なかなか脚光を浴びない〝キミ〟こそワンハンドスタイルで輝くべき逸材。小ぶりな柔らかボディに素朴な具材を合わせると、なぜかほっこりしてしまう優しい味に。いつもスタンドバイミー。

卵サラダとケチャップソーセージ

材料

ロールパン……………………2個
マヨネーズ……適量、大さじ1
卵（ゆで卵・粗みじん）………1個
塩・こしょう……………………少々
砂糖………………………小さじ1／2
酢…………………………小さじ1／3
サラダ油……………………小さじ1
ウインナーソーセージ
（斜めに切り込みいれる）………2本
ケチャップ……………………大さじ1
カレー粉……………………少々
パセリ……………………少々

作り方

1 ロールパンは上面に深さ2／3程度の切り込みを入れ、マヨネーズ適量を塗る。
2 ボウルに卵とマヨネーズ大さじ**1**、塩・こしょう、砂糖、酢を入れ混ぜ合わせる。
3 フライパンにサラダ油を中火で熱し、ウインナーソーセージを転がしながら炒め、ケチャップを絡めてからカレー粉をまぶす。
4 **1**の切り込みに**2**を挟み、**3**を乗せ、パセリを振る。

ひじき入りツナマヨサラダ

材料

ロールパン……………………2個
マヨネーズ…………少々、小さじ2
ツナ（水気を切る）……………50g
しょう油…………………小さじ1/3
赤玉ねぎ（みじん切り）…………10g
ひじき（ドライパック）………大さじ2
フリルレタス……………………1枚
青ねぎ（小口切り）……………1本分

作り方

1 ロールパンは上面に深さ2/3程度の切り込みを入れ、マヨネーズ少々を塗る。

2 ボウルにツナとマヨネーズ小さじ2、しょう油、赤玉ねぎ、ひじき、青ねぎを入れ混ぜ合わせる。

3 **1**の切り込みにフリルレタスと**2**を挟み、青ねぎを散らす。

あんバター

材料

ロールパン……………2個
バター……………20g
つぶあん…………大さじ4
塩…………ひとつまみ

作り方

1 ロールパンは上面に深さ2／3程度の切り込みを入れる。

2 バターは固い状態のままロールパンの切り込みの幅に合わせ、厚さ5㎜でスライスし、冷蔵庫に入れ冷やし固める。

3 ボウルにつぶあんと塩を入れ混ぜ合わせ、**1**の切込みにバターと一緒に挟む。

BURGERS

キング・オブ・ワンハンド。見る者を圧倒し、一発で胃袋を満たすその様は、まさに王者の風格。ワイルドにいこう、ハンバーガーに加減はいらねぇ。約束されたボリュームとハーモニー。我が道に敵なし、昼時の食欲を蹂躙するストロングスタイル。

コロッケチーズバーガー

材料

- バンズ……1個
- マスタード……小さじ2
- フリルレタス……1枚
- キャベツ（千切り）……2枚分
- ポテトコロッケ（市販）……1個
- とんかつソース……大さじ2
- スライスチーズ……1枚

作り方

1. バンズは横半分に切り、軽くトースターで焼き、断面にマスタードを塗る。
2. 1の断面の上にフリルレタスとキャベツ、ソースを塗ったコロッケ、スライスチーズを乗せサンドする。

NABEGI
NABEGI
HAMBURGER
SANDWICH

きゅうりタルタルのフィッシュバーガー

材料

バンズ……1個
マヨネーズ……小さじ2、大さじ1
卵（ゆで卵・粗みじん）……1個
きゅうり（種を除いて3㎜の角切り）……1/6本分
酢……小さじ1/3
パセリ……少々
白身フライ（市販）……1枚
ベビーリーフ……10g

作り方

1 バンズは横半分に切り、軽くトースターで焼き、断面にマヨネーズ小さじ2を塗る。

2 ボウルに卵とマヨネーズ大さじ1、きゅうり、酢、パセリを入れ混ぜ合わせる。

3 **1**の片方にベビーリーフと白身フライ、**2**を乗せサンドする。

エビチリオムレッツバーガー

材料

- バンズ……1個
- 卵……1個
- 生クリーム……大さじ1
- 塩・こしょう……少々
- マヨネーズ……小さじ1/2
- サラダ油……小さじ1
- エビチリ（市販）……80g
- フリルレタス……1枚
- かいわれ大根……少量

作り方

1 バンズは横半分に切り、軽くトースターで焼く。

2 ボウルに卵を割りほぐし、生クリーム、塩・こしょう、マヨネーズを加えよく混ぜ合わせる。

3 フライパンにサラダ油を強火で熱し、**2**を一気に加えて混ぜながら外側から内側に寄せてバンズくらいの大きさにする。

4 卵が固まってきたら裏返し両面焼く。

5 **1**の断面ににフリルレタスと**4**、エビチリを乗せ、かいわれ大根を飾りサンドする。

HOT SANDWICH

カリカリに焼いて鋭角にカットされたホットサンドは、サムライの刀のようにシャープ。多忙な日々を切り裂き「休憩を取らせてつかわす」とか言うもんだから「かたじけない」といただくと、パンと具の一体感と食べ応えが良し。仕事もスパッと終わりそうで候。

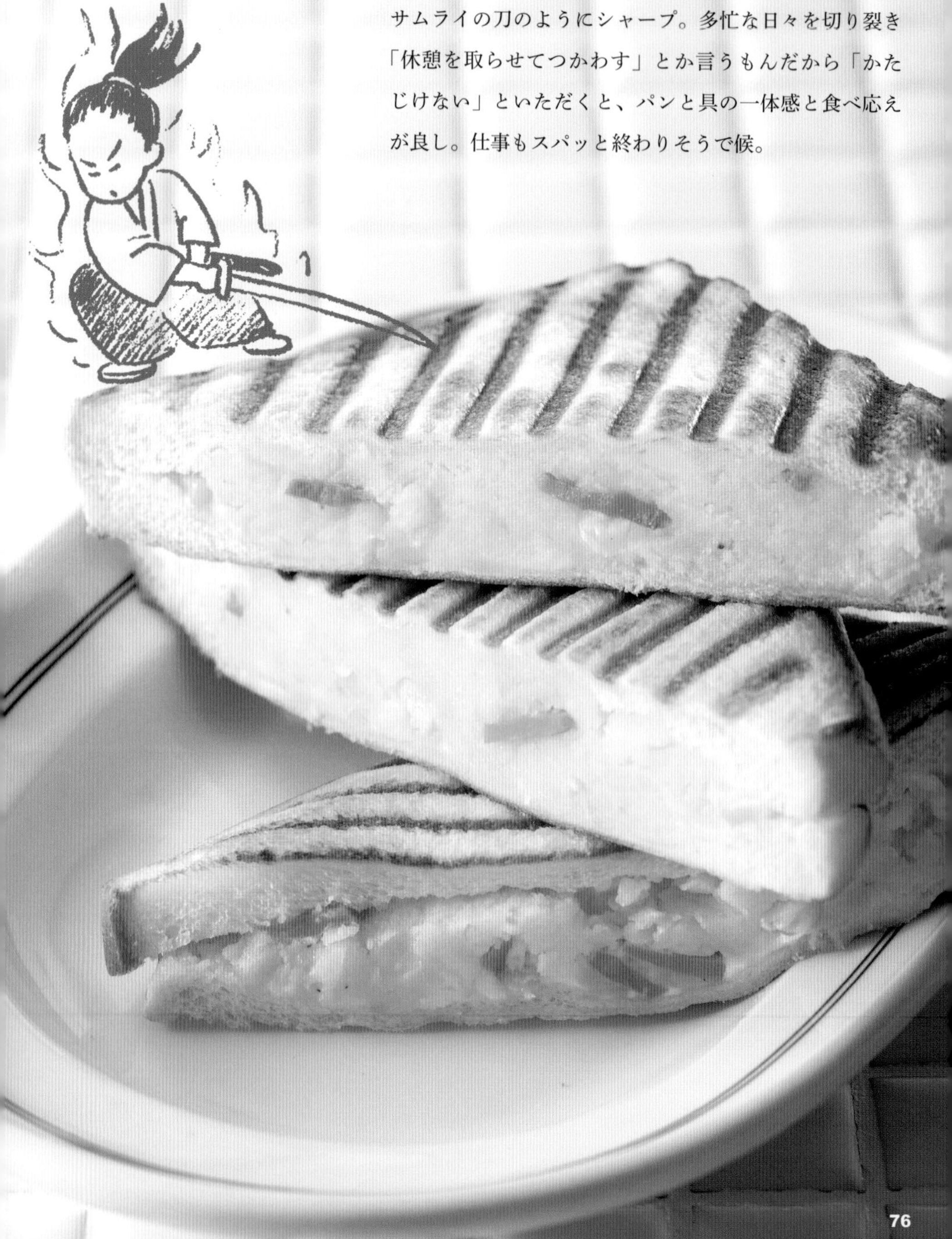

ポテサラからしマヨ

材料

じゃがいも（2センチ角）……100g
にんじん（いちょう切り）……15g
マヨネーズ……大さじ1、大さじ2
塩・こしょう……適量
コーン……大さじ1/2
練りからし……小さじ1/2
食パン（8枚切り）……2枚
サラダ油……少々

作り方

1 耐熱容器にじゃがいもとにんじんを入れ、電子レンジ（600W）で約2分加熱し、じゃがいもが熱いうちに潰しておく。

2 **1**の粗熱が取れたらマヨネーズ大さじ1と塩・こしょう、コーンを混ぜ合わせる。

3 ボウルに練りからしとマヨネーズ大さじ2を混ぜ、2枚の食パンの片面に塗る。

4 **3**に**2**を広げて乗せ、もう1枚でサンドする。

5 薄くサラダ油を塗ったホットサンドメーカーで挟み、弱火で両面2分ずつ焼く。

卵サラダと2種のチーズ

材料

卵（ゆで卵・粗みじん）……1個
マヨネーズ……大さじ1
塩・こしょう……少々
砂糖……小さじ1／3
パセリ……少々
食パン（8枚切り）……2枚
スライスチーズ（チェダー）……1枚
モッツァレラチーズ（4等分）…1／2個分
サラダ油……少々

作り方

1 ボウルに卵とマヨネーズ、塩、こしょう、砂糖、パセリを入れ混ぜ合わせる。

2 食パンにスライスチーズと**1**、モッツァレラチーズを乗せサンドする。

3 薄くサラダ油を塗ったホットサンドメーカーで挟み、弱火で両面2分ずつ焼く。

しらすバター焼きのり

材料

- 食パン（8枚切り）……2枚
- バター……5g
- しらす……10g
- ピザチーズ……20g
- 焼きのり（ちぎる）……1/6枚分
- オリーブオイル……小さじ1

作り方

1 2枚の食パンにバターを塗り、しらすとピザチーズ、焼きのりを乗せ、オリーブオイルを回しかけてサンドする。

2 薄くオリーブオイル少々（分量外）を塗ったホットサンドメーカーで挟み、弱火で両面2分ずつ焼く。

パストラミとたっぷり野菜粒マスタードマヨ

材料

粒マスタード……大さじ1
マヨネーズ……大さじ2
ベーグル……1個
フリルレタス……1枚
黄パプリカ（長さ5㎝の薄切り）……1/6個分
赤玉ねぎ（半月切りの薄切り）……2枚分
トマト（角切り）……1/4個
パストラミ……40g

作り方

1 ボウルに粒マスタードとマヨネーズを入れ混ぜ合わせる。

2 ベーグルを横半分に切り、両方の断面に**1**の半量を塗る。

3 **2**の断面にフリルレタスと黄パプリカ、赤玉ねぎ、トマト、パストラミを乗せ、残りの**1**をかけてサンドする。

クッキー＆クリーム

材料

マシュマロ……50g
生クリーム……大さじ1と2/3
ベーグル……1個
ブラックココアクッキーサンド…2枚

作り方

1 耐熱容器にマシュマロと生クリームを入れ、電子レンジ（600W）で約40秒加熱しよく混ぜ合わせる。

2 クッキーサンドを粗めに砕き、**1**に混ぜ合わせる。

3 ベーグルを横半分に切り、オーブントースターで軽く温め、**2**をサンドする。

特選サンドイッチの中身の話

個性が十人十色だったら、サンドイッチだって十人十色。定番のものは月に何回か食べてるし、新しいアイデアも浮かばないって？ 心配ご無用！ 奇をてらった特別なことなんてしなくて大丈夫。おなじみの具材にひと工夫するだけで、リッチで彩り鮮やかなサンドイッチに大変身。怒涛のワンハンドスタイル流サンドイッチ10連発！

ゆで卵と紫コールスローサンド

材料（2個分）

酢……………………………… 小さじ2
砂糖……………………………… 小さじ2
オリーブオイル……………………… 小さじ1
ドライクランベリー………………… 大さじ1
紫キャベツ（千切り）……………… 50g
塩……………………………………… 少々
食パン（12枚切り）………………… 4枚
マヨネーズ………………………… 小さじ1
卵（ゆで卵・縦半分に切る）………… 2個

作り方

1 ボウルに酢と砂糖、オリーブオイルを入れ混ぜ合わせ、ドライクランベリーを10分ほど漬け込む。

2 別のボウルに紫キャベツを入れ、塩を軽く振り、もみこみしばらく置く。

3 **2**を水で洗い、しっかりと水気を切り、**1**で和える。

4 食パンにマヨネーズを塗り、**3**を乗せ中央にゆで卵を並べ、サンドする。

ソースハムエッグサンド

材料（2個分）

キャベツ（千切り）………………… 2枚分
塩……………………………………… 少々
サラダ油……………………………… 少々
マヨネーズ………………………… 小さじ2
卵……………………………………… 2個
食パン（12枚切り）………………… 4枚
バター（マーガリンでも可）…… 小さじ2
ハム…………………………………… 4枚
とんかつソース…………………… 小さじ4

作り方

1 ボウルにキャベツを入れ、軽く塩を振りマヨネーズで和える。

2 フライパンにサラダ油を中火で熱し、卵を割り入れ両面焼きの目玉焼きにする。

3 食パンの片面にバターを塗り、**1**とハム、とんかつソース、**2**、ハムの順に乗せサンドする。

コンビーフポテトサンド

材料（2個分）

じゃがいも（3㎜厚さの薄切り）… 100 g
塩……………………………………… 少々
マヨネーズ……………………… 大さじ1
コンビーフ………………………… 50 g
黒こしょう………………………… 少々
パセリ……………………………… 少々
食パン（12枚切り）……………… 4枚

作り方

1 ボウルにじゃがいもを入れ、水にさらす。
2 耐熱皿に **1** を広げ、電子レンジ（600W）で約1分半加熱し、軽く塩を振る。
3 別のボウルにマヨネーズとコンビーフと黒こしょう、パセリを入れ混ぜ合わせる。
4 食パンに **3** の半量を乗せ、**2** を少しずつ重ねながら並べ、残りの **3** を乗せサンドする。

ザワークラウトとソーセージサンド

材料（2個分）

ハーブ入りソーセージ
　（縦半分に切る）……………… 4本
食パン（12枚切り）……………… 4枚
バター（マーガリンでも可）…… 小さじ2
ザワークラウト…………………… 60 g
パセリ…………………………… 4枚分

作り方

1 フライパンを中火で熱し、ハーブ入りソーセージを入れ、焼き目が付くまで炒める。
2 食パンの片面にバターを塗り、ザワークラウトと **1** を2本分、ちぎったパセリを乗せサンドする。

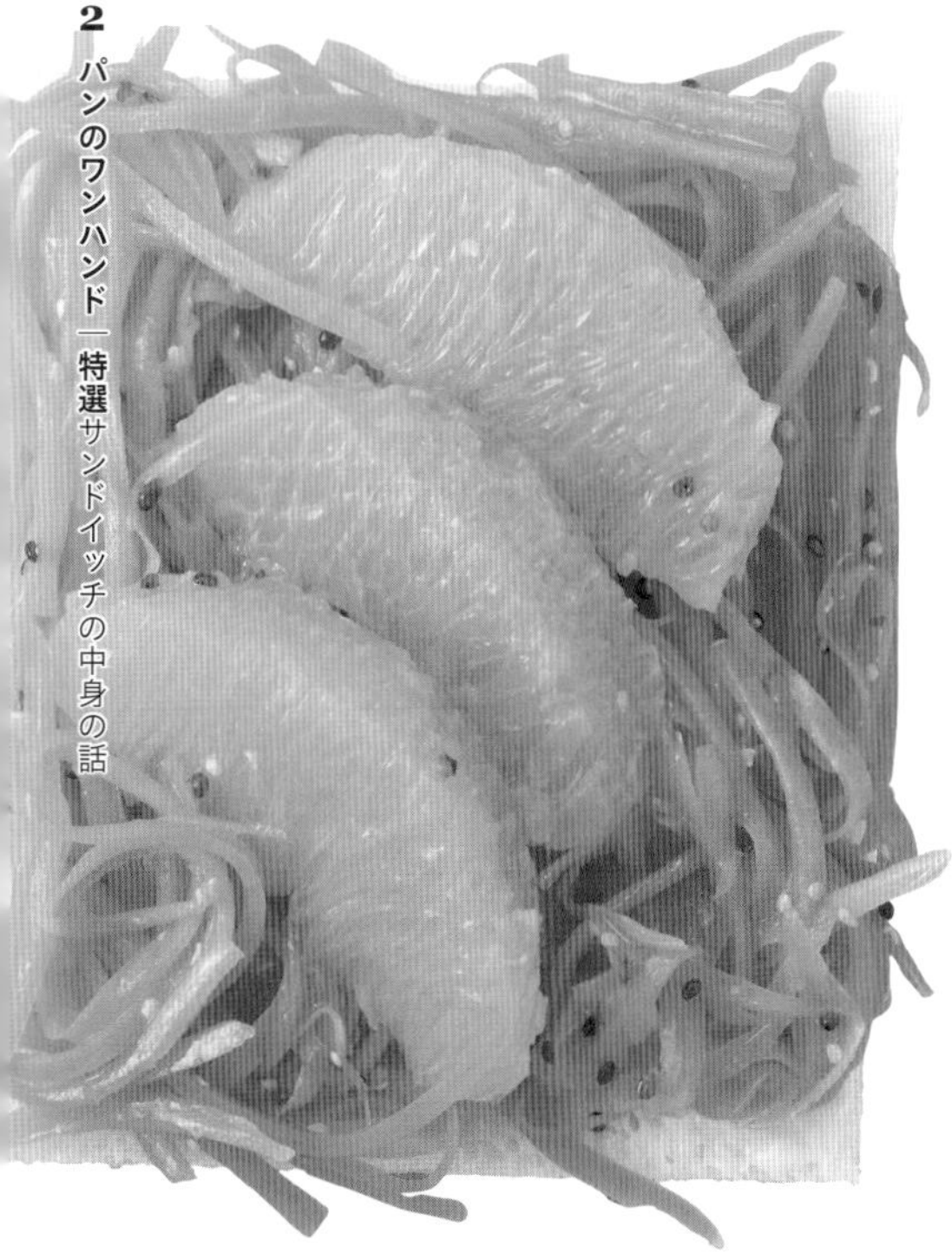

たっぷりにんじんラペサンド

材料 (2個分)

にんじん(千切り)………………… 200 g
塩……………………………………… 少々
酢…………………………………… 大さじ1
粒マスタード……………………… 小さじ1
砂糖………………………………… 小さじ1
オリーブオイル…………………… 大さじ5
オレンジ(皮をむく)…………… 1/2個分
食パン(12枚切り)……………………4枚
マヨネーズ………………………… 小さじ2

作り方

1 ボウルににんじんを入れ、塩少々(分量外)を軽く振り、しばらく置き水気を絞る。

2 別のボウルに塩と酢、粒マスタード、砂糖を入れ混ぜ合わせ、オリーブオイルを少しずつ加えながら泡だて器で混ぜる。

3 **2**に**1**とオレンジを入れ和える。

4 食パンの片面にマヨネーズを塗り、**3**を挟む。

きゅうりとセロリとハムのハニーマスタードサンド

材料 (2個分)

酢……………………………… 小さじ1
粒マスタード………………… 小さじ1
はちみつ……………………… 小さじ2
塩…………………………………… 少々
セロリ(筋を取ってピーラー)… 1/2本分
食パン(12枚切り)………………… 4枚
マヨネーズ…………………… 小さじ2
きゅうり(縦にピーラー)………… 2本分
ハム…………………………………… 8枚

作り方

1 ボウルに酢と粒マスタード、はちみつ、塩を入れ混ぜ合わせ、セロリを入れ和える。

2 食パンの片面にマヨネーズを塗り、**1**ときゅうりが層になるように並べ、ハムを少しずつ重ねながら乗せてサンドする。

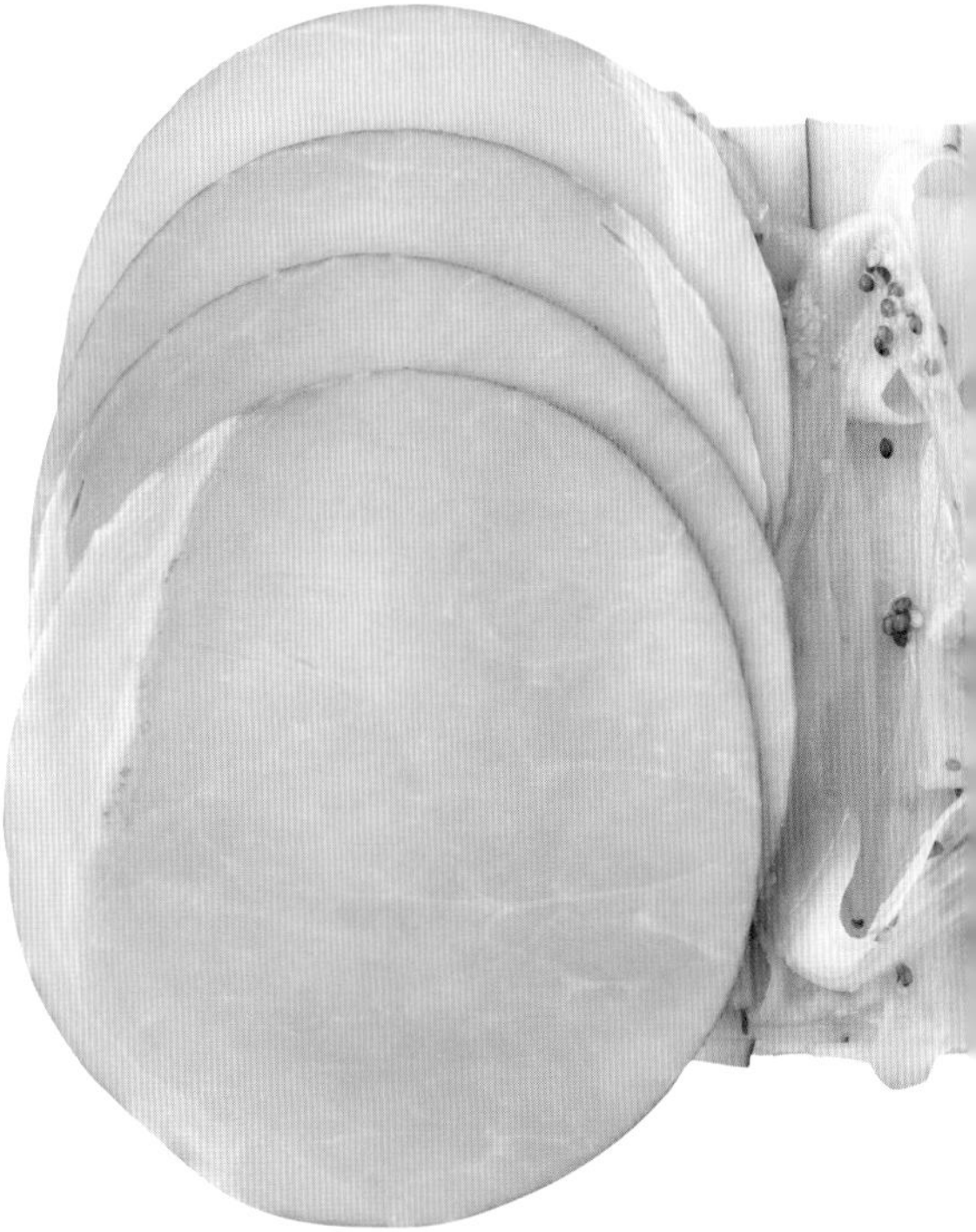

薄焼き卵入りBLTサンド

材料 (2個分)

ベーコン（厚めのもの）……………… 4枚
卵……………………………………… 1個
塩……………………………………… 少々
砂糖…………………………… 小さじ1/3
水……………………………… 小さじ2
食パン（12枚切り）……………… 4枚
マヨネーズ…………………… 小さじ2
レタス………………………………… 4枚
トマト（輪切り）………………… 4枚

作り方

1 フライパンを中火で熱し、ベーコンを入れ、両面焼き色が付くまで焼く。

2 ボウルに卵と塩、砂糖、水を入れよく混ぜ合わせる。

3 別のフライパンを中火で熱し、**2**を流し入れ、薄焼き卵を作り、半分に切る。

4 食パンの片面にマヨネーズを塗り、レタスと**1**、トマト、**3**（余る部分は折りたたむ）の順で乗せサンドする。

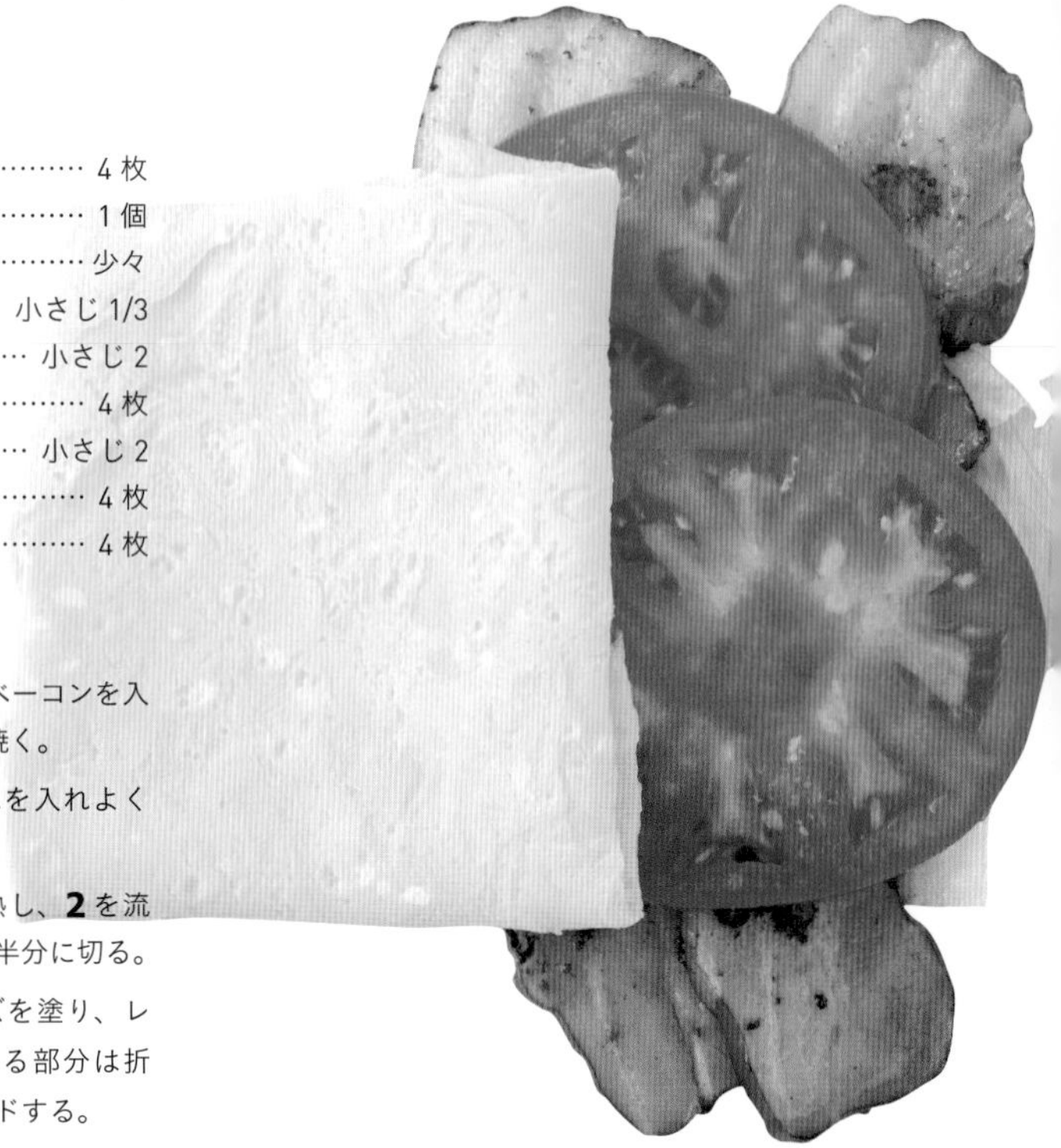

カマンベールとセミドライトマトサンド

材料 (2個分)

バター…………………………… 小さじ2
粒マスタード………………… 小さじ1
食パン（12枚切り）……………… 4枚
レタス………………………………… 2枚
カマンベールチーズ（横半分に切る）
……………………………………… 1個分
セミドライトマト（粗く刻む）…… 40g

作り方

1 ボウルに常温に戻したバターと粒マスタードを入れ混ぜ合わせ、食パンの片面に塗る。

2 **1**の上にレタスとカマンベールチーズ、セミドライトマトを乗せサンドする。

クリームチーズ&アプリコット&くるみ

材料（2 個分）

クリームチーズ（常温に戻す）…… 100 g
はちみつ…………………………… 大さじ 1
ドライアプリコット（3mm 幅の薄切り）
……………………………………… 40 g
白ワイン…………………………… 大さじ 1
くるみ（1cm角に砕く） …………… 30 g
食パン（12 枚切り）………………… 4 枚

作り方

1 ボウルにクリームチーズを入れ練り、はちみつを混ぜる。

2 別のボウルにドライアプリコットを入れ、白ワインを振りかける。

3 **2** に **1** とくるみを加え混ぜあわせ、2 等分して食パンに挟む。

サラダチキン&オニオンサラダ

材料（2 個分）

玉ねぎ（薄切り）…………………… 40 g
マヨネーズ………………………… 大さじ 2
白練りごま………………………… 小さじ 2
白すりごま………………………… 小さじ 1
サラダチキン（プレーン・割く）… 35 g
食パン（12 枚切り）………………… 4 枚
レタス（千切り）…………………… 1 枚分

作り方

1 ボウルに玉ねぎを入れ、水にさらして辛みを抜き、水気をよく切る。

2 別のボウルにマヨネーズと白練りごま、白すりごまを入れ混ぜ合わせ、サラダチキンを加え和える。

3 食パンにレタスと **2**、**1** の順で乗せサンドする。

ラップロール

まるでお菓子のような見た目のラップロール。巻き寿司のように食パンで巻くだけなので調理もかんたん。片手間でサッと食べられるサイズ感はグッドだし、食感も柔らかで軽やか。フルーツを巻けばデザート風、包装を可愛くすれば、あっという間にランチがパーティー会場に。ラップ＆ロールでゴキゲンにキメたら、オシャレして出かけたくなっちゃうはず！

ハムチーズレタス

材料

食パン（8枚切り）……2枚
マヨネーズ……大さじ2
レタス……1枚
ハム……2枚
スライスチーズ……2枚

作り方

1 食パンは耳を切り落とし、片面にマヨネーズを塗る。

2 **1**の上に食パンの大きさくらいにちぎったレタス、ハム、チーズを乗せる。

3 端からきつめに巻きラップで包む。

フルーツとマシュマロクリーム

材料

マシュマロ……50g
生クリーム……23g
食パン（8枚切り）……3枚
いちご……1個
キウイ……1/4個
オレンジ……1/8個

作り方

1 耐熱容器にマシュマロと生クリームを入れ、電子レンジ（600W）で約40秒加熱し、よく混ぜ合わせて冷ましながらクリーム状にする。

2 食パンの耳を切り落とし、**1**を塗り、カットしたフルーツを横一列に並べる。

3 端からきつめに巻きラップで包む。

ツナマヨ

材料

- 食パン（8枚切り）……2枚
- ツナ（水気を切る）……40g
- マヨネーズ……小さじ2
- 黒こしょう……少々
- きゅうり（長さはパンに合わせ縦に1／4）……1／4本
- かいわれ大根……1／6パック

作り方

1 食パンは耳を切り落とす。

2 ボウルにツナとマヨネーズ、黒こしょうを入れ混ぜ合わせる。

3 **1**に**2**ときゅうり、かいわれ大根を乗せる。

3 端からきつめに巻きラップで包む。

Column2

パンのお話

パンでバランスの取れた栄養補給を

「パンで栄養補給」と聞くと、実はいまいちピンと来ない。おいしいけど、フワフワなパン自体にそもそも栄養あるの？　って思いません？　あんまりないんじゃない？　って。パン食普及協議会によると、パンはごはんと比べて、炭水化物（糖質）、たんぱく質、ビタミンB1・ビタミンB2などのビタミン類、カルシウム・鉄などのミネラルが豊富に含まれているんだそう。さらに、牛乳やチーズ、ヨーグルトなどの乳製品、肉や魚類、卵などの食品との相性が抜群に良いので、さまざまな食材と組み合わせて食べることによって、バランスの良い食事を短時間で摂取できる利点があるのだ。さすが世界中で愛され続けるワンハンドフードの代表格！　栄養学的にも、忙しい中でサッと栄養補給するのに向いているわけ。

ただし、パンは、ごはんと比べて水分量が少なく、油分の多いバターやクリーム、糖分の多いジャムやチョコレート製品などを合わせることが多いため、脂質や糖質の摂り過ぎには注意が必要。ワンハンドランチ流なら、胚芽パンやライ麦パン、全粒粉のものを選べば栄養価がアップ！

日本のパン発祥は黒船対策!?

おにぎりの日があるんなら、パンの日だってある！ 今から約5000～2600年ほど前の古代メソポタミアでは既に約100種類以上のパンが作られていたそうで、パンの原形の起源は、さらに昔の約8000年ほど前との説があるが、日本では、1983（昭和58）年にパン食普及協会が、4月12日をパン発祥の日として「パンの記念日」に、毎月12日を「パンの日」として制定。時は幕末、日本の近海に黒船が頻繁に出没していた時期の1840（天保11）年、清（中国）と英国との間でアヘン戦争が勃発。徳川幕府は新たな黒船襲来を恐れ、外国軍が攻めてきた時の備えとして、パン作りを命じたと言われている。

幕臣で伊豆韮山代官にして、西洋砲術を普及させた江川英龍（通称：太郎左衛門）は、火を起こしてごはんを炊くと敵にこちらの居場所がバレてしまうため、「握り飯では戦えない」と判断し、米に比べ、消化がよく保存性・携帯性が優れたパンに着目。江川の西洋砲術の師である高島秋帆の従者に、長崎のオランダ屋敷で料理方として製パン技術を身に付けた作太郎がおり、彼を韮山の江川邸へ呼び寄せ協力を得て、パン焼き窯を作り、1842（天保13）年4月12日に乾パンの一種である「兵糧パン」を焼き上げた。第1号の兵糧パンはその後、大規模な製パン所で量産されたという。

CHAPTER 3
ONEHAND of Ethnic

エスニックワンハンド

ヘルシーで人気のエスニック料理もワンハンドで楽しみたい。一口食べれば、きっと屋台街の喧騒や寺院の鐘の音まで聞こえてきて、いつでもどこでも小トリップ。食べ応えのある料理は、片手持ち用にカスタムしやすいものが多いのも嬉しいところ。刺激的なスパイスや爽やかな香草は、午後の気分をシフトチェンジするのにもピッタリ。

海老と彩り野菜

材料

鶏むね肉……………………30g
酒……………………………少々
ライスペーパー……………1枚
むき海老（塩ゆで・横半分にスライス）……2尾分
レタス（柔らかい部分）………2枚
きゅうり（4cm千切り）………1/3本分
にんじん（4cm千切り）………1/5本分
バジル（1cm角にちぎる）………1枚
スイートチリソース…………小さじ2
マヨネーズ……………………小さじ1

作り方

1 鶏むね肉は酒を振って、電子レンジ（600W）で約2分加熱し、割いておく。

2 ライスペーパーを水で濡らし、むき海老とレタス1枚、**1**、きゅうり、にんじん、バジルの順に乗せる。

3 ボウルにスイートチリソースとマヨネーズを入れ混ぜ合わせる。

4 **3**を**2**の上に乗せ、レタス1枚を上に乗せる。

5 手前から隙間ができないようにきつく巻く。

カニカマと錦糸卵

材料

卵……1個
塩……少々
水溶き片栗粉……小さじ1
オクラ……2本
ライスペーパー……1枚
カニカマ……2本
レタス（柔らかい部分）……2枚
紫キャベツ（千切り）……20g
わさび……小さじ1/3
マヨネーズ……小さじ1

作り方

1 ボウルに卵と塩、水溶き片栗粉を入れ混ぜて合わせる。

2 フライパンにサラダ油少々（分量外）を中火で熱し、**1**を流し入れ薄く焼き、錦糸卵を作る。

3 オクラは塩ゆでして冷水に取り水気を取る。

4 ライスペーパーを水で濡らし、カニカマとレタス1枚、**2**、紫キャベツ、**3**の順に乗せる。

5 別のボウルにわさびとマヨネーズを入れ混ぜ合わせ、**4**の上に塗り、さらにレタス1枚を上に乗せる。

6 手前から隙間ができないように巻く。

ガパオバーガー

材料

バンズ……1個
合いびき肉……120g
にんにく(みじん切り)……1/2個分
唐辛子(あれば生、乾燥は水に浸けて戻す)……1本
バジルの葉(1cm角にちぎる)……3g
ナンプラー……小さじ1
オイスターソース……小さじ1/2
サラダ油　小さじ1・大さじ1
卵……1個
レタス……1枚
バジル……1枚

作り方

1 バンズは横半分に切り、軽くトースターで焼く。

2 ボウルに合いびき肉とにんにく、唐辛子、バジルの葉、ナンプラー、オイスターソースを入れよく混ぜ合わせ、バンズより2周り大きい円形に成型する。

3 フライパンにサラダ油小さじ1を中火で熱し、**2**を両面各3分ずつ焼く。

4 別のフライパンにサラダ油大さじ1を中火で熱し、卵を割り入れて揚げ焼きにし、両面焼きの目玉焼きを作る。

5 **1**にレタス、**3**、**4**の順で乗せ、飾り用のバジルを飾りサンドする。

海老トースト

材料

A
- むき海老……80g
- 豚ひき肉……40g
- 卵白……10g
- にんにく（すりおろし）……小さじ1/2
- 塩……少々
- ナンプラー　小さじ1/2
- こしょう……少々

- 青ねぎ（小口切り）……1本分
- 食パン（8枚切り）……1枚
- 揚げ油……適量
- スイートチリソース…大さじ2
- パクチー……3本

作り方

1 Aをフードプロセッサーでミンチにし、青ねぎを混ぜ合わせる。

2 食パンを縦に半分、さらに斜め半分に切り、**1**を山になるように塗る。

3 鍋に揚げ油を熱し、**2**を180度で両面を返しながら揚げる。

4 スイートチリソースとパクチーを添える。

トムヤム春巻き

材料

- 春雨（茹でる）……25g
- サラダ油……小さじ1
- 豚ひき肉……60g
- 玉ねぎ（薄切り）……40g
- むき海老……8尾
- チリインオイル……大さじ1
- ナンプラー……大さじ1
- 砂糖……小さじ2
- 春巻きの皮……4枚
- 揚げ油……適量
- 水溶き小麦粉……適量

作り方

1 春雨は食べやすい長さに切る。

2 フライパンにサラダ油を中火で熱し、豚ひき肉と玉ねぎ、むき海老を炒める。

3 **2**に火が通ったら**1**とチリインオイル、ナンプラー、砂糖を加えてよく混ぜる。

4 **3**をバットに広げて冷まし、4等分して春巻きの皮で巻き、端は水溶き片栗粉でとめる。

5 別のフライパンに春巻きが1／3つかる程度の揚げ油を中火で熱し**4**を入れ、両面きつね色になるまで揚げ焼きにする。

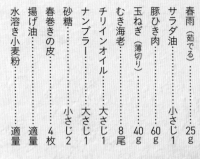

ビビンバ風ベーグルサンド

材料

- にんじん（千切り）……20g
- もやし……15g
- ほうれん草（5㎝幅に切る）……2株分
- 塩……少々
- ごま油……小さじ2
- 白ごま……小さじ1
- 黒こしょう……少々
- 牛薄切り肉（一口大に切る）…70g
- 焼き肉のたれ……大さじ2
- コチュジャン……小さじ1/3
- キムチ……20g
- ベーグル……1個
- マヨネーズ……小さじ2

作り方

1 鍋に湯を沸かし、にんじんともやし、ほうれん草をそれぞれさっとゆでる。

2 ボウルに塩とごま油、白ごま、黒こしょうを入れ混ぜ合わせ、**1**を加え和える。

3 フライパンを中火で熱し、牛薄切り肉を入れ炒め、火が通ったら焼き肉のたれとコチュジャンとキムチを加え混ぜる。

4 ベーグルは半分に切り断面にマヨネーズを塗り、**2**、**3**の順で乗せてサンドする。

レバーペーストとなますのバインミー

材料

にんじん（千切り）……1／5本分
大根（千切り）……1／5本分
塩……ひとつまみ
砂糖……大さじ1と1／2
水……大さじ1
酢……25mℓ
バゲット……1／3本
バター……小さじ2
サニーレタス……1／2枚
なます（水気をきる）……45g
レバーペースト……大さじ2
ミニトマト（1／4に切る）……1個
パクチー……2本分

作り方

1 ボウルににんじんと大根を入れ、塩を振りもみ込む。

2 耐熱容器に砂糖と水、酢を入れ、電子レンジ（600W）で約30秒砂糖が溶けるまで加熱し、**1**を漬け15分ほど置く。

3 バゲットは横半分に切り込みを入れ、内側にバターを塗り、サニーレタスとなます、レバーペースト、ミニトマト、パクチーを挟む。

海老すり身焼きのスイートチリソースバインミー

材料

A
- むき海老……70g
- 玉ねぎ……1/12個
- にんにく（すりおろし）……少々
- 片栗粉……小さじ2
- ナンプラー……小さじ2
- 砂糖……ひとつまみ
- パクチーの根……5cm分

- サラダ油……小さじ1
- スイートチリソース……大さじ2
- バゲット……1/3本
- マヨネーズ……小さじ2
- フリルレタス……1枚
- 赤玉ねぎ（薄切り）……20g
- パクチー……2本

作り方

1 Aをフードプロセッサーにかけ、2等分して小判型に丸める。

2 フライパンにサラダ油を中火で熱し、**1**を入れ焼き目が付くまで焼く。

3 **2**にスイートチリソースを加え、全体に絡める。

4 バゲットに横半分深さ2／3程度に切り込みを入れ、マヨネーズを塗り、フリルレタスと**3**、赤玉ねぎ、パクチーを挟む。

ベトナム風そぼろおにぎらず

材料

サラダ油……小さじ1
豚ひき肉……70g
酒……小さじ1
白ねぎ（みじん切り）……3㎝分
にんにく（すりおろし）……小さじ1／3
しょうが（すりおろし）……小さじ1／3
ナンプラー……小さじ2
砂糖……小さじ2
鷹の爪（輪切り）……ひとつまみ
のり……1枚
ごはん……100g
パクチー……2本
青ねぎ……2本
スペアミント……5枚

作り方

1 フライパンにサラダ油を中火で熱し、豚ひき肉を入れ、ぽろぽろになるまで炒める。

2 **1**に酒と白ねぎ、にんにく、しょうが、ナンプラー、砂糖、鷹の爪を加え、水分がなくなるまで煮詰める。

3 のりの中央にごはんの半量を乗せ、**2**とパクチー、青ねぎ、スペアミントを乗せる。

4 残りのごはんを乗せ、四方から折りたたみ、なじむまでしばらく置いてから半分に切る。

キンパ風おにぎらず

材料

ごはん……100g
ごま油……小さじ1/3
塩……ひとつまみ
牛肉薄切り（細切り）……60g
コチュジャン……小さじ1/2
しょう油……小さじ1/3
砂糖……小さじ1/3
にんじん（細切り）……30g
鶏がらスープの素……少々
ほうれん草（ゆでて3cmに切る）……20g
焼きのり……1枚

作り方

1 ボウルにごはんを入れ、ごま油と塩ひとつまみを混ぜ合わせる。

2 フライパンにごま油を中火で熱し、牛肉薄切りとコチュジャン、しょう油、砂糖を入れ炒める。

3 耐熱容器ににんじんを入れ、電子レンジ（600Wを）で約30秒加熱し、鶏がらスープの素と塩少々（分量外）を混ぜる。

4 のりの中央に**1**の半量を乗せ、**2**と**3**、ほうれん草を層になるように乗せる。

5 残りの**1**を乗せ、四方から折りたたみ、なじむまでしばらく置いてから半分に切る。

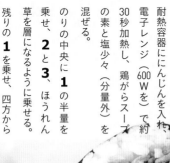

ナシゴレン おむすび

材料

- サラダ油……少々
- 豚肉薄切り（一口大に切る）……30g
- むき海老……2尾
- 赤パプリカ（5㎜角）……5g
- にんにくの芽（2㎝に切る）……1本分
- ごはん……120g
- スイートチリソース……小さじ2
- オイスターソース……小さじ1
- ナンプラー……小さじ1
- うずらの卵……1個
- パクチー……1本

作り方

1 フライパンにサラダ油を中火で熱し、豚肉薄切りとむき海老、赤パプリカ、にんにくの芽を炒め、ごはんを加えさらに炒める。

2 **1**にスイートチリソースとオイスターソース、ナンプラーを加えて炒め、粗熱を取る。

3 別のフライパンにサラダ油少々（分量外）を中火で熱し、うずらの卵を割り入れ目玉焼きを作る。

4 **2**を三角に握り、**3**とパクチーを乗せる。

シンガポール チキンライス おむすび

材料

米……………………1合
しょうが（スライス）………1枚
ココナッツミルク…………20g
ナンプラー……………小さじ1
鶏がらスープの素………小さじ1
塩………………………ひとつまみ
鶏もも肉………………100g
しょうが（すりおろし）……小さじ1
味噌……………………10g
砂糖……………………小さじ1
酢………………………小さじ1弱
パクチー（茎はみじん切り、葉はそのまま）
……………………………2本分

作り方

1 お米を洗ってザルにあげ炊飯器にセットし、しょうが（スライス）とココナッツミルク、ナンプラー、鶏がらスープの素、塩を入れ、1合の目盛まで水を入れる。

2 **1** 鶏もも肉を入れ炊飯する。

3 炊けたら鶏もも肉を取り出し1㎝の角切りにし炊飯器に戻しごはんと混ぜ合わせる。

4 ボウルにしょうが（すりおろし）と味噌、砂糖、酢、パクチーの茎入れをよく混ぜ合わせる。

5 **3**を1/3量ずつに分け俵型に握り、**4**とパクチーの葉を飾る。

Column3

包むということ

お弁当包みはお昼の時間をより華やかに

\Wrap/

朝早く起きて作ったワンハンドランチ。さぁ準備万端、ビニール袋に放り込んで今日も出発！って、それもいいけど……違う、そうじゃない。そう、仕上げは気持ちを込めてお弁当を「包む」こと。ブランドものから100均まで種類が豊富な〝お弁当包み〟は、毎日のランチをもっとワクワクさせるための最後のスパイス。包んだ時のデザインやサイズ感が愛らしく、お気に入りのものなら、ランチの楽しみが倍増したり、いつもよりおいしく感じたり、お弁当包みはお昼の時間をより華やかに演出してくれる意外と重要なアイテムなんです。

定番といえば、ランチクロスやナプキンなどの布タイプ。素材は、主に綿や麻（リネン）、ポリエステルなどで、42～60㎝角が一般的な大きさ。多種多様な品揃えなので、好みの質感や色合い、絵柄や機能性で選べます。お弁当用ではなくても、サイズ感がぴったりなハンカチや風呂敷、バンダナなどでも代用可能なので、チョイスの幅はまさに無限大。ハッとするほどカラフルなものや好きなキャラクターもの、手触りの良い生地を選ぶだけでも何だか楽しいランチタイムになるはず。

他にも、サッと入れられる巾着袋や吸水性抜群のキッチンリネン、カジュアルなアウトドアバックのような取っ手付きランチサックなんかも人気です。それでは、おすすめのお弁当包みをサクッとご紹介！

ワックスペーパー

水や油に強く、ツルツルとした質感が特徴の紙で、バーガーバックやサンドイッチペーパー、ペーパーナプキンなど様々な形態で販売されています。

ランチクロス

文字通り、包むだけでなく、テーブルに敷くプレイスマットにもなる王道系。ハンカチやナプキンより比較的厚めの生地で、とにかく種類が多い。暖色系にすると一般的には食欲が増すと言われています。

あずま袋

エコバックとしても人気のあずま袋は、江戸時代に西洋のバックを参考にして風呂敷や手ぬぐい、使い古した着物などで作られていた袋。関西地方では三角袋とも呼ばれます。

英字新聞

オシャレ番長の英字新聞もエントリー。軽くて湿気も吸ってくれるし、捨てるのも簡単、広げればプレイスマットにもなる優れモノ。普段からニュースを英語で嗜んでいそうなインテリジェンスさも自然に醸し出してくれます。

風呂敷

ジャパニーズ式お包みなら、風呂敷にお任せ。古今東西様々なデザインがあり、唐草模様や市松模様、藍染めなどの純和風なものからカラフルでモダンなもの、アート系まで選びごたえ抜群。

CHAPTER

4 まだまだあるよ！ワンハンド

簡単なようで奥が深いワンハンドの世界。まだまだ作ってみたくなるワンハンド料理をご紹介。ブリトー、アイスクリームコーン、パンケーキ……片手に収まれば発想は自由！アイデア次第でメニューはどんどん広がる。例え時間がなくとも、楽しい食事は我慢できない。好きな料理をカバンに入れて持ち出そう。ワンハンドで毎日に彩りを！

burrito

ブリトーとは、トウモロコシや小麦粉から作るクレープ状の薄焼きパン「トルティーヤ」で具材を巻いた、メキシコやアメリカなどの伝統的な料理。しっとりとした生地に肉やソーセージ、チーズなどを巻いて食べれば、ほっぺとお腹でマラカスを振り鳴らすこと間違いなし！

牛焼肉とアボカドディップ

材料

- 牛薄切り肉……80g
- A
  - チリパウダー……少々
  - ライム汁……1/4個分
  - 塩・こしょう……少々
- オリーブオイル……小さじ1
- アボカド……1/2個
- レモン汁……小さじ2
- 塩……少々
- マヨネーズ……小さじ1
- トルティーヤ……1枚
- フリルレタス……2枚
- 赤玉ねぎ（薄切り）……15g

作り方

1. ボウルに牛薄切り肉とAを入れ、軽くもみ込む。
2. フライパンにオリーブオイルを中火で熱し、**1**を入れ肉に火が通るまで炒める。
3. ボウルにアボカドを入れ潰し、レモン汁、塩、マヨネーズを加えよく混ぜ合わせる。
4. トルティーヤを電子レンジ（600W）で約30秒温め、フリルレタスと赤玉ねぎ、**2**、**3**を乗せ巻く。

ツナチーズメルト

材料

ツナ（水気を切る）……………70g
マヨネーズ……………小さじ1
玉ねぎ（みじん切り）……………1/12個分
タバスコ……………少々
トルティーヤ……………1枚
とけるチーズ（チェダー）……………2枚

作り方

1 ボウルにツナとマヨネーズ、玉ねぎ、タバスコを入れ混ぜ合せる。

2 トルティーヤにチーズを1枚置き、その上に**1**を乗せ、もう1枚のチーズでサンドする。

3 **2**を巻いたら、電子レンジ(600W)で約30秒加熱し、裏返してさらに約30秒加熱する。

クリームチーズとフルーツ

材料

トルティーヤ……………………1枚
クリームチーズ…………………60g
マーマレード……………大さじ2
オレンジ（皮をむく）…………1/4個分
キウイ（4等分）………………1/4個分

作り方

1 トルティーヤを電子レンジ（600W）で約20秒ほど温める。

2 **1**の周りを1.5cmほど残して、クリームチーズを塗り、その上にマーマレードを重ねて塗る。

3 手前にオレンジとキウイをそれぞれ一列に並べる。

4 **3**を巻いたら、ラップに包んでなじませる。

ミックスビーンズサラダとハムチーズ

材料

A
ミックスビーンズ……50g
玉ねぎ(みじん切り、水にさらす)……1/12個分
ミニトマト(1cm角に切る)…2個分
マヨネーズ……大さじ1
ケチャップ……小さじ1
チリパウダー……少々
トルティーヤ……1枚
ハム……1枚
スライスチーズ……1枚
フリルレタス……1枚

作り方

1 ボウルにAを入れ、混ぜ合わせる。

2 トルティーヤの中央にハムとスライスチーズを乗せ、その上に1を乗せる。

3 2を巻いたら、ラップをして電子レンジ(600W)で約30秒加熱し、裏返してさらに約30秒加熱する。

ピリ辛ソーセージと千切りキャベツ

材料

トルティーヤ……1枚
チョリソー……2本
紫キャベツ（千切り）……1枚分
酢……小さじ2
塩……少々
ピザチーズ……30g
トマト（くし切り）……1/4個分

作り方

1 フライパンを中火で熱し、チョリソーを入れ軽く炒める。

2 ボウルに紫キャベツと酢、塩を入れ混ぜ合わせる。

3 トルティーヤを電子レンジ（600W）で約20秒ほど温める。

4 **3**の上に**2**とピザチーズ、**1**、トマトの順で乗せ、巻く。

海老とアボカドディップ

材料

むき海老……5尾
マヨネーズ……小さじ2、大さじ1
チリパウダー……少々
アボカド……1/2個
レモン汁……小さじ2
塩……少々
わさび……小さじ1/3
トルティーヤ……1枚
レタス……2枚

作り方

1 フライパンを中火で熱し、むき海老とマヨネーズ小さじ2、チリパウダーを入れ、炒める。

2 ボウルにアボカドを入れ潰し、レモン汁、塩を混ぜ合わせる。

3 別のボウルにマヨネーズ大さじ1とわさびを入れ混ぜ合わせる。

4 トルティーヤを電子レンジ（600W）で約20秒ほど温め、その上にレタス、**2**、**1**、**3**の順でのせて巻く。

レトロなカップ？　いえ、アイスクリーム屋さんで見かける、あのコーン。器に盛り付けるようにおかずをコーンにトッピングすれば、パーティーフードのような賑やかさ。持ちやすいしボリュームも出せて、まるでランチの移動式秘密基地みたい。

ポテサラとウインナー

材料

じゃがいも（2㎝角）……………100g
にんじん（いちょう切り）……15g
マヨネーズ……………………大さじ1
塩・こしょう……………………適量
コーン……………………大さじ1/2
きゅうり（輪切り薄切り）……2㎝分
ウインナーソーセージ（斜め切り）…1本分
アイス用コーン……………………1個
うずらの卵水煮（半分に切る）……1個分
黒こしょう…………………………少々

作り方

1 耐熱容器にじゃがいもとにんじんを入れ、電子レンジ（600W）で約2分加熱し、じゃがいもが熱いうちに潰す。

2 **1**の粗熱が取れたら、マヨネーズと塩・こしょう、コーン、きゅうりを入れ、混ぜ合わせる。

3 フライパンを中火で熱し、ウインナーを転がしながら軽く焼く。

4 アイス用コーンに**2**を盛り付け**3**とうずらの卵を飾り、黒こしょうを振る。

スイートポテトクリームとシナモンアップル

材料

さつまいも（1.5㎝幅の輪切り）……100g
砂糖……小さじ3、小さじ1
牛乳……大さじ3
ラム酒（もしくはブランデー）…小さじ1/2
アイス用コーン……1個
りんご（皮付き角切り）……40g
シナモンパウダー……2振り
レモン汁……少々
お好みのナッツ（ピスタチオ）……少々

作り方

1 さつまいもは10分ほど水にさらし、取り出してラップをして電子レンジ（600W）で約3分加熱する。

2 熱いうちに皮をむき、砂糖小さじ3と牛乳、ラム酒と一緒にフードプロセッサーでかくはんし、クリーム状にする（さつまいもの水分量によって牛乳は加減する）。

3 耐熱容器にりんごと砂糖小さじ1、シナモンパウダー、レモン汁を入れ電子レンジ（600W）で約1分加熱する。

4 **3**に**2**を加え、混ぜ合わせる。

5 アイス用コーンに**4**を盛り付け、仕上げに砕いたナッツとシナモンを振る。

パンケーキサンド

幸福の黄色い生地がランチにやってきた。スイーツ好きさに人気のパンケーキにおかずを挟めば、ご褒美感のあるお昼ご飯に大変身。ベーコンエッグで軽食、チョコバナナでデザートに。手を休めてリゾート気分まで味わえそう。

ベーコンと目玉焼きとメープルバター

材料

ベーコン（長さのあるもの）……1枚
卵……1個
パンケーキバンズ（市販のミックスの分量で直径12㎝ほどに焼く）……2枚
バター（室温に戻す）……15g
メープルシロップ……大さじ2

作り方

1 フライパンを中火で熱し、ベーコンを入れカリッとするまで焼く。
2 別のフライパンを中火で熱し、卵を割り入れ両面焼きの目玉焼きにする。
3 ボウルに常温に戻したバターとメープルシロップを入れ、混ぜ合わせる。
4 パンケーキバンズに**1**と**2**、**3**を乗せ、サンドする。

バナナとチョコソースとクリームチーズ

材料

パンケーキバンズ（市販のミックスの分量で直径12㎝ほどに焼く）……2枚
クリームチーズ（室温に戻す）……大さじ3
バナナ（7㎜厚さの斜め切り）……1/2本分
板チョコ（砕く）……10g
アーモンド（砕く）……3粒
チョコレートソース……小さじ2

作り方

1 パンケーキバンズの1枚にクリームチーズを塗る。
2 **1**の上にバナナと板チョコ、アーモンドを乗せ、チョコソースをかけてサンドする。

卵サラダスティックトースト

材料

食パン（6枚切り）……1枚
バター……5g
卵（ゆで卵・粗みじん）……1個
マヨネーズ……大さじ1
塩、こしょう……少々
砂糖……小さじ1/3
パセリ……少々

作り方

1 食パンにバターを塗り、縦4等分に切る。
2 ボウルに卵とマヨネーズ、塩、こしょう、砂糖を入れ混ぜ合わせる。
3 1の上に2を乗せ、マヨネーズ少々（分量外）を絞り、オーブントースターで5分ほど焼く。
4 焼き目が付いたらパセリを振る。

レンジでオムレットサンド

材料

- ホットケーキミックス……150g
- 卵……1個
- 牛乳……100cc
- マヨネーズ……小さじ2
- ホイップクリーム……50g
- みかん（缶詰）……適量
- バナナ（輪切り）……1／2本分

作り方

1 ボウルにホットケーキミックスと卵、牛乳、マヨネーズを入れよく混ぜる。

2 耐熱皿（ふちが少し高いもの）にオーブンペーパーを敷き、1を丸く流し入れる。

3 ラップをかけ、2か所ほど穴を開けて、電子レンジ（600W）で約1分加熱する。

4 すぐにシートからはがして2つ折りにして冷ます。

5 間にホイップクリームとミカン、バナナをサンドして冷蔵庫に入れなじませる。

インデックス

※ここでは、野菜・くだもの、肉・肉加工品、魚介・魚加工品・海藻をピックアップして逆引きインデックスとしてまとめました。冷蔵庫の余り物などの利用に困ったら参考にしてみてください。

野菜・くだもの

インデックス

肉・肉加工品

魚介・魚加工品・海藻

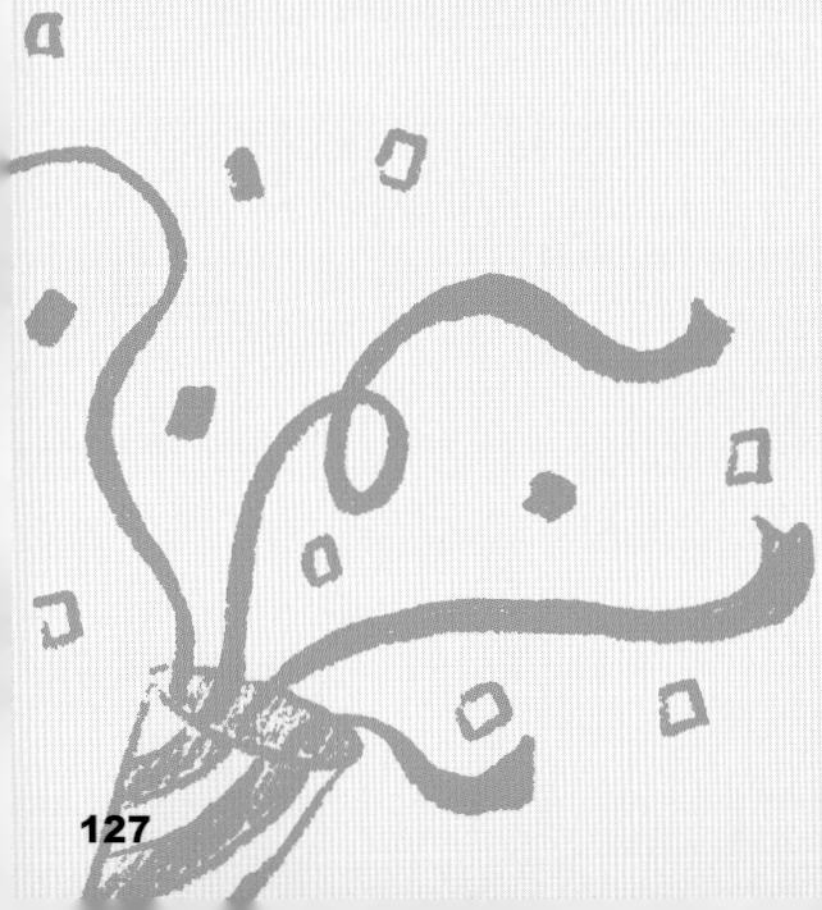

著者略歴

両角　舞

タイ料理研究家 / フードコーディネーター / 漢方スタイリスト。料理人として10年間修行を積んだ後、フードコーディネーターに転身。企業のレシピ開発や撮影スタイリングを多数手がける。タイ各地でのレストラン立ち上げに関わりメニュー考案、調理に携わる。現地での経験を生かし料理教室や料理イベントを主催。漢方スタイリストの視点から作る薬膳料理も得意とする。著書に『バズ飯』(ブティック社刊) など。

STAFF

編集	百日 (http://100nichi.jp/)
写真	竹内浩務
スタイリング	片山愛沙子
デザイン / イラスト	みうらしゅう子 しゃんおずん
文	ノグチアキヒロ
協力	UTUWA(03-6447-0070)

片手で食べられるお昼ごはん

ワンハンドランチ

2020年4月10日　初版発行

著　者	両角　舞
発行者	鈴木伸也
発　行	株式会社大泉書店
住　所	〒101-0048 東京都千代田区神田司町2-9 セントラル千代田4F
電　話	03-5577-4290(代)
FAX	03-5577-4296
振　替	00140-7-1742
印刷・製本	株式会社シナノ

URL　http://www.oizumishoten.co.jp/
ISBN 978-4-278-03822-4　C0077